本书受教育部人文社会科学研究青年项目“媒体多任务行为的信息加工机制及其效果评估（19YJC860030）”资助。

网络信息搜寻行为研究

——基于消费者既有知识影响的视角

刘　振 ◎著

世界图书出版公司
广州 · 上海 · 西安 · 北京

图书在版编目（CIP）数据

网络信息搜寻行为研究：基于消费者既有知识影响的视角 / 刘振著. -- 广州：世界图书出版广东有限公司，2019.8
ISBN 978-7-5192-6756-8

Ⅰ. ①网… Ⅱ. ①刘… Ⅲ. ①消费者行为论 Ⅳ. ①F713.55

中国版本图书馆 CIP 数据核字（2019）第 192149 号

书　　名　网络信息搜寻行为研究——基于消费者既有知识影响的视角
　　　　　WANGLUO XINXI SOUXUN XINGWEI YANJIU
　　　　　——JIYU XIAOFEIZHE JIYOU ZHISHI YINGXIANG DE SHIJIAO
著　　者　刘　振
策划编辑　张蓉琛
责任编辑　康琬娟　王梦洁
装帧设计　周湘花
出版发行　世界图书出版广东有限公司
地　　址　广州市海珠区新港西路大江冲 25 号
邮　　编　510300
电　　话　020-84460408
网　　址　http://www.gdst.com.cn/
邮　　箱　wpc_gdst@163.com
经　　销　新华书店
印　　刷　广州市迪桦彩印有限公司
开　　本　710mm×1000mm　1/16
印　　张　12.5
字　　数　150 千
版　　次　2019 年 8 月第 1 版　2019 年 8 月第 1 次印刷
国际书号　ISBN 978-7-5192-6756-8
定　　价　42.00 元

目　录

| 第一章 |

网络信息搜寻行为概述

在消费者的消费决策制定过程中，信息搜寻（information search）是最为重要的环节之一。互联网不断蓬勃发展，为消费者提供了一个极富效率的信息搜寻平台。在网络这一全新信息环境中，消费者的信息搜寻行为是否会出现变化，传统的信息搜寻理论是否还能保持其有效性，就成了颇具意义的学术话题。

第一节　网络环境的普及与冲击

1969 年 10 月 29 日，美国加州大学洛杉矶分校的本科生 Charlie Kline 在电脑上敲出了 L 和 O 两个英文字母，由这两个字母所组成的简单信息通过长达 350 英里[1]的电话专线，跑到了位于帕洛阿尔托的斯坦福研究院（Stanford research institute）的另一台电脑上。当 Kline 继续敲下字母 G 时（其本意是想传输“login”这个单词），斯坦福研究院的电脑因为一个程序错误而崩溃了。虽然连一个简单的单词都未传送完整，但

[1] 1 英里≈ 1.6093 千米

正是这则并不完整的信息，向世界宣告了互联网的诞生。

当时连接加州大学洛杉矶分校和斯坦福研究院的电脑网络仅有2个节点，但早期的简陋一点也未影响到之后互联网的持续性的迅猛发展势头，它仅用了不到40年的时间就成为最有影响力的传播媒介之一。根据国际在线数据统计网站“互联网实时统计”（Internet live stats）的数据显示，截至2014年9月，全球互联网网站数量就已经突破了10亿大关，且仍在急速增长。而据互联网数据研究机构“we are social”和“hootsuite”于2018年共同发布的《2018全球数字报告》显示，全世界网民总数已经超过了40亿。

根据中国互联网络信息中心（CNNIC）发布的第43次《中国互联网发展状况统计报告》的数据，截至2018年12月，中国网民规模达到8.29亿，较2017年底增长3.8%。2018年全年新增网民5653万，互联网普及率达到59.6%。手机网民规模达到8.17亿，网民通过手机连入互联网的比例高达98.6%。此外，我国网站数量为523万个，网页数量为2816亿个[1]。

互联网大大加速了人类社会的发展进程，它所带来的巨大影响遍及人们的工作、生活、消费等各个方面。当下的中国社会，娱乐、购物、约车、点餐等各种需求都可以通过网络来实现。“生活离不开互联网”，已经从少部分时尚人群的感触发展成人们的普遍感受。越来越多的网络应用开始从中国起源并流行于世界，这似乎也表明，相对于其他国家的消费者，网络技术对中国消费者所具有的影响效力更大。

由于其遍及全球的传送能力，网络已经成为一种信息扩散装置，同时也成为了一个突破空间、时间和场所方面限制的个体及其电脑之

[1] CNNIC. 第43次中国互联网络发展状况统计报告[EB/OL]. [2019-02-28]. http：//cnnic.cnwmzx/rdxw/20172017_7056/201902/t20190228_70643.htm.

间的合作与互动的媒介[1]。在此种优势的支撑下，网络与商业之间的联系也愈加紧密。在相当多的产品类别中，网络对于消费者的购买决策起着很大作用。来自于美国的数据表明，56% 的音乐产品消费者、39% 的手机消费者，以及 49% 的房地产消费者曾经使用网络搜寻相关产品信息;22% 的音乐产品和 12% 的手机是以在线的形式购买的[2]。在中国，网络的市场潜力也正在逐步凸显。根据 CNNIC 的数据，2018 年中国的网络购物的用户规模已达到 6.10 亿，较 2017 年增长 14.4%，占网民整体比例达 73.6%。

研究者 Hoffman 等人总结道，网络之所以发展如此蓬勃，根源还是其所具有的促进信息和资源全球共享的能力，以及其成为特定的产品和信息服务的广告、营销，甚至是直接分销的有效渠道的潜力[3]。研究者 Novak 等人进一步指出，互联网并不宜被看成是现实世界的一种仿真（simulation），而是一种以电脑为中介、建立在消费者体验之上、替代性的真实环境[4]。

不少研究者认为，网络将给相当多的既有营销理论的适用性及评价带来影响[5]。研究者 Holbrook 与 Hulbert 就指出，网络之类的新技术将大大改变营销的面貌[6]。正如 Peterson 等人所指出的，在互联网这一不可逆

[1] LEINER，et al.A Brief History of the Internet [EB/OL]. [2003-10-09]. http：//isoc.org/internet/history/brief.shtml.

[2] Pew Internet and American Life Project Survey.The Internet and Consumer Choice：Online Americans Use Different Search and Purchase Strategies for Different Goods [EB/OL]. [2007-04-27]. http：// www.pewinternet.org.

[3] CHATTERJEE P. Commercial Scenarios for the Web：Opportunities and Challenges [M]. Readings in Electronic Commerce.Addison-Wesley Longman Publishing Co.Inc.2006.

[4] NOVAK T P，HOFFMAN D L，YUNG Y F. Measuring the Customer Experience in Online Environments：A Structural Modeling Approach [J]. Marketing Science，2000，19（1）：22-42.

[5] GATARSKI R，LUNDKVIST A. Interactive Media Face Artificial Consumers and Marketing Theory must Re-think [J]. Journal of Marketing Communications，1998，4（1）：45-59.

[6] HOLBROOK M B，HULBERT J M. Elegy on the Death of Marketing [J]. European Journal of Marketing，2002，36（5/6）：706-732.

转的发展趋势面前，营销者及公司没有其他选择，只能尽全力去发掘网络所具有的优势[1]。互联网影响了广大社会民众的生活习惯和消费形态，其所蕴含的巨大市场潜力与社会影响力不仅让业界趋之若鹜，也吸引了众多学术研究者的关注。在营销学、广告学、传播学等不同领域中，都存在着大量关于网络的研究文献。但是从另一方面来看，业界对网络的实际市场应用还难以令人如意。所以，如何利用网络这一全新媒体的互动特性，将其打造成一种卓有成效的营销传播媒介以促进营销传播的效率，是营销和广告学者所追求的重要目标。

第二节　信息搜寻与消费决策

网络所具有的商业潜力，从根本上说还是来源于其对消费者行为的影响。在 Schiffman 和 Kanuk 所著的经典教材《消费者行为学》中，其开篇第一章的导言就是“数字化革命（digital revolution）对消费者行为的影响”，这里所指的数字化革命，相当程度上就是网络所带来的营销变革。在 Schiffman 和 Kanuk 所指出的数字化革命给商业环境所带来的诸项明显变化中，与消费者一方密切联系的主要变动包括以下 3 个方面：

1. 消费者较之以往拥有更大的权力

消费者可以通过应用“智能代理”（intelligent agents）来寻求产品或服务的最佳价格，可以绕过中间环节全天候地在全球购物。

2. 消费者较之以往接触到更多的信息

对于正考虑购买的产品，消费者可以轻松了解并比较不同产品的特点，还可以获取其他消费者的消费评论。

[1] PETERSON R A，BALASUBRAMANIAN S，BRONNENBERG B J. Exploring the Implications of the Internet for Consumer Marketing [J]. Journal of the Academy of Marketing Science，1997，25（4），329-346.

3. 消费者和营销者之间的信息交换具有更强的互动性和即时性

因为双向交互式的交换已成现实，消费者可以通过点击网站上的链接或离开网站等方式对营销者传达的信息迅速做出反应[1]。

从上述3个方面的变动可以看出，网络的出现使消费者在市场中的地位大大提升，消费者在传统营销模式中所处的略显尴尬的纯粹被动地位得到了根本性改变。那些能够甚至善于运用网络来优化自身消费行为的消费者将获得更多的便利，而尾随消费者的消费行为变化而来的，就是营销者顺势而为的自身调整，包括在网络环境下更好地了解消费者的行为变化的努力。学术界对这一变化也做出了积极回应，据Schibrowsky等人对十余年间学术界对网络营销领域所作研究的文献回顾来看，消费者行为研究是网络营销中最大的热门领域，而消费者认知、动机、信息搜寻行为以及满足等问题又是热点中的热点[2]。

促进消费者购买行为的发生，是营销和广告的终极目标之一。在购买行为发生之前，决策过程很有可能发生于购买现场之外[3]。而在消费者的消费决策制定过程中，信息搜寻（consumer search）又是其中重要的一环[4]。信息搜寻行为始于消费者开始正式考虑购买之际，终于购买发生之时。很多情况下，消费者所搜寻到的信息可以对最终的购买决策起到决定性的作用。在大多数消费者考虑购买重要的耐用品时，信息搜寻都是决策过程中的一个重要阶段[5]。

---

[1] SCHIFFMAN L G，LESLIE K L. Consumer Behavior [M]. 北京：清华大学出版社，2004.

[2] SCHIBROWSKY J A，PELTIER J W，NILL A. The State of Internet Marketing Research [J]. European Journal of Marketing，2007，41（7/8）：722–733.

[3] HOYER，WAYNE D. An Examination of Consumer Decision Making for a Common Repeat Purchase Product [J]. Journal of Consumer Research，1984，11（3）：822–829.

[4] MURRAY K B. A Test of Services Marketing Theory：Consumer Information Acquisition Activities [J]. Journal of Marketing，1991，55（1）：10–25.

[5] 李东进，崔洛焕 . 中韩两国消费者搜寻信息努力的比较研究 [J]. 南开管理评论，2003（02）：38–46.

相当多的消费者决策理论都指出了信息搜寻在消费者决策过程中的重要性，并将其作为决策模型中的一个重要理论构念。Schmidt 和 Spreng 认为，对消费者信息搜寻的了解是理解消费者的重要环节[1]。Westbrook 和 Fornell 指出，理解消费者的信息搜寻活动是营销者和零售商设计有效的沟通、分销、商品战略的必备前提[2]。还有很多研究纷纷证实，理解消费者的信息搜寻行为对公司的营销沟通策略、产品分销策略、总体性的战略决策，以及公共政策的制定都是十分重要的。Ratchford 和 Srinivasan 认为，从总体上看，信息搜寻能够让消费者选择更好的产品，使消费者能以更低的价格获得特定产品，并可能让消费者在消费决策的过程中获得满足，或在搜寻过程中体验到搜寻的快乐[3]。

在网络出现之前，消费者进行信息搜寻的渠道较为有限，获取信息的成本较高，这在很大程度上阻碍了消费者进行信息搜寻的动机和成效。但网络的出现使网络用户能够利用网络信息更有效地制定消费决策[4]。Alba 等人指出，线上和线下购买之间的一个关键差别是在线消费者可以同时获取更多的关于价格以及非价格属性的信息。之前来自于信息经济学领域的研究已经指出，网络技术和电子市场确实可以降低消费者的搜寻成本[5]。Bonn 等人指出，网络浏览可能导致最终的购买[6]。

---

[1] SCHMIDT J B, SPRENG R A. A Proposed Model of External Consumer Information Search [J]. Journal of the Academy of Marketing Science, 1996, 24 (3): 246-256.

[2] WESTBROOK R A, FORNELL C. Patterns of Information Source Usage among Durable Goods Buyers [J]. Journal of Marketing Research, 1979, 16 (3): 303-312.

[3] SRINIVASAN R N. An Empirical Investigation of Returns to Search [J]. Marketing Science, 1993, 12 (1): 73-87.

[4] ALBA J, LYNCH, et al.Interactive Home Shopping : Consumer, Retailer, and Manufacture Incentives to Participate in Electronic Market places [J]. Journal of Marketing, 1997, 61 (7): 38-53.

[5] BAKOS J Y. Reducing Buyer Search Costs : Implications for Electronic Marketplaces [J]. Management Science, 1997, 43 (12): 1676-1692.

[6] BONN M A, FURR H L, SUSSKIND A M. Predicting a Behavioral Profile for Pleasure Travelers on the Basis of Internet Use Segmentation [J]. Journal of Travel Research, 1999, 37 (4): 333-340.

Shim 等人的研究均证实，消费者使用网络进行信息搜寻的动机与通过网络渠道购物的动机存在正相关[1]。这就意味着，对网络搜寻的进一步了解，将有利于更好地把握网络环境中的消费行为。

Punj 和 Staelin 指出，在影响消息者信息搜寻的诸多影响因素中，既有知识是研究者们投以最多关注的一个因素，因为其能解释搜寻行为中更大部分的变异，对信息搜寻行为具有更大影响[2]。虽然研究者们对诸多能够影响消费者信息搜寻的因素均进行过研究，但既有知识通常被认为是消费者信息搜寻行为的一个根本性影响因素[5-7]。不过遗憾的是，研究者们对既有知识的构成，以及其如何对消费者搜寻产生影响等问题还知之不多，相关的研究也并不多见[6]。在此种情形之下，本研究希望能够结合网络的媒介特性，深入探讨既有知识究竟是如何影响信息搜寻行为的，并借此丰富网络环境下消费者信息搜寻行为的研究。

归纳起来，本研究的研究目的主要有以下 3 个方面：

1. 梳理消费者既有知识的构成

关于消费者既有知识的研究虽然不在少数，但是研究者们对消费者既有知识的理解却各不相同。在既往文献中，人们常常将既有知识

[1] SHIM S，EASTLICK M A，LOTZ S L，et al. An online Prepurchase Intentions Model：The Role of Intention to Search [J]. Journal of Retailing，2001，77（3）：397–416.

[2] PUNJ G N，STAELIN R. A Model of Consumer Information Search Behavior for New Automobiles [J]. Journal of Consumer Research，1983，9（4）：366–380.

[3] ALBA J，MARMORSTEIN H. The Effects of Frequency Knowledge on Consumer Decision Making [J]. Journal of Consumer Research，1987，14：14–25.

[4] BAKER，W，et al. Brand Familiarity and Advertising：Effects on the Evoked Set and Brand Preference [J]. in Advances in Consumer Research，1986，13：637–642.

[5] JACOBY J，FISHER C W A. A Behavioral Process Approach to Information Acquisition in Nondurable Purchasing [J]. Journal of Marketing Research，1978，15（4）：532–544.

[6] PARK J R B W. Effects of Prior Knowledge and Experience and Phase of the Choice Process on Consumer Decision Processes：a Protocol Analysis [J]. Journal of Consumer Research，1980，7（3）：234–248.

与产品知识、品牌知识等概念混用，研究者为其设计的测量指标更是各不相同。本研究希望在综合既有研究文献的基础上，对消费者既有知识的构成维度进行探讨，对这一理论概念作出更为明晰的界定。

2. 探讨消费者既有知识对消费者网络搜寻行为的影响机制

消费者既有知识应该是一个多维概念[1]，在既往关于既有知识与信息搜寻行为间关系的研究中，既有知识往往被当做一个单维的要素来加以讨论，但不同维度的既有知识很可能通过不同的作用机制对网络搜寻施加影响。这种作用机制的结构究竟为何？何种类型的消费者既有知识会促进网络搜寻？何种类型的既有知识会对网络搜寻起到阻碍作用？对这些问题的探讨将成为本研究的重点。

3. 提出并验证消费者信息搜寻模型的合理性

在消费者信息搜寻领域中，最早流行的是基于成本 – 收益理论的研究框架。而随着心理学研究取向的引入，研究者们又提出了融合经济学研究取向和心理学研究取向的整合性理论框架。此种整合框架虽然具有理论上的合理性，但却少有研究者对其进行严格验证。本研究亦希望能够在网络情境中对整合性理论框架的合理性进行探讨。

[1] ALBA J，WESLEY HUTCHINSON J. Dimensions of Consumer Expertise [J]. Journal of Consumer Research，1987，12（3）：411–454.

| 第二章 |

消费者既有知识与网络信息搜寻

为了使本研究的研究脉络得到清晰展示，研究者对相关领域的既有文献进行了全面回顾，重点对网络的特性、既有知识的概念及其构成、消费者信息搜寻的概念及作用等问题进行了梳理。

第一节　网络环境的特性

作为一种全新的传播媒介，网络有着许多区别于传统媒介的特性，来自传播学、营销学等不同学术领域的研究者都对网络的特性进行过讨论。Krol 和 Hoffman 从 3 个不同的角度对互联网进行了定义：(1) 是一个由众多基于 TCP/IP 协议的网络所组成的网络；(2) 由使用和发展这些网络的人们所组成的一个社群；(3)（以及一个）能被上述网络所到达的资源的集合[1]。

在 Newhagen 和 Rafaeli 从传播学的角度对互联网所作的一次学

[1] HOFFMAN，DONNA L，THOMAS P NOVAK. Marketing in Hypermedia Computer–Mediated Environments：Conceptual foundations [EB/OL]. [1995–06–03]. http：//www2000.ogsm.vanderbilt.edu/cmepaper.revision.july11.1995/cmepaper.html.

术对话中，Rafaeli 列出了 5 种网络传播的界定性特性，分别为多媒体（multimedia）、超文本性（hypertextuality）、分组交换（packet switching）[1]、同步性（synchronicity）和互动性（interactivity）[2]。Rafaeli 进一步指出，因为网络传达感官方面感染力的能力大大超过了其他任何一种媒介，所以很难给网络一个固定的角色限定或指导方针；而且在网络环境下，缺少报纸等传统的大众媒介所具有的信息"把关人"（gatekeeping）的机制，也没有传统人际沟通中的"话轮转换"（turn talking）的机制，网络中的信息是自主传播的，亦难受到信息审查制度的制约。而 Newhagen 认为，网络有别于其他传播技术的 2 个特点是网络中信息流的结构差异与信息的数字化。

Berthon 等人从营销学的视角阐述了网络所具有的 3 个独特性质：（1）通常是消费者去寻找营销者，而非其他媒介情境中营销者寻找消费者的情况；（2）在网络上的信息呈现是相对简单而廉价的，而且网络是一种国际性的信息传播媒介；（3）相比于其他媒介，网络为所有的参与者提供了更为平等的参与机会[3]。一般而言，营销传播常被用来实施告知、提醒以及说服功能。传统的营销传播方式或许可以起到告知和提醒的作用，但用来对产品或品牌进行差异化说服的功能却不是单向性的传统大众媒体所具备的，而可以实现多对多传播的网络媒体则能担此重任[4]。

Peterson 等人指出，与其他营销渠道相比，网络具有以下独特功用：

[1] 分组交换为一种数据传送技术，具有传输时延小、交互性好、线路的利用率高等特性。

[2] NEWHAGEN J E，RAFAELI S. Why Communication Researchers Should Study the Internet：A Dialogue [J]. Journal of Computer-Mediated Communication，1996，1（4）：4-13.

[3] BERTHON P，PITT L，WATSON R T. Marketing Communication and the World Wide Web [J]. Business Horizons，1996，39（5）：24-32.

[4] HOFFMAN D L，NOVAK T P，CHATTERJEE P. Commercial Scenarios for the Web：Opportunities and Challenges [J]. Journal of Computer-Mediated Communication，1995，1（3）：1-21.

（1）在不同的虚拟地点廉价储存海量信息的能力；（2）高效而廉价地搜寻、组织、散播海量信息的能力；（3）互动性和按照需要提供针对信息的能力；（4）可以提供远优于印刷小册子的知觉体验（perceptual experiences），虽然这种体验尚不如实地观察丰富；（5）充当交易媒介（transaction medium）的能力；（6）可以作为某些特定产品（如软件）的物理散播渠道；（7）对销售方来说进入及设立的成本相对较低[1]。Peterson 等人还指出，网络比现有的传统大众传播渠道更富弹性，在个体购买者和潜在购买者的目标化（targeting）方面存在很大优势，网络也使得直接交流成为可能；此外，网络还可以在几乎不需耗费任何成本的前提下提供不同的沟通选项。

虽然背景各不相同，但是很多研究者都明确指出，互动性是网络最核心的特性。Blattberg 和 Deighton 这样定义互动性：让个人和组织得以在其所期望的任意时间、任意地点与其他的个人和组织直接交流的能力[2]。Rogers 认为互动性是传播系统如同真实的对话一般“回答”消费者的能力。某种媒介的互动性的强弱主要取决于用户对其控制程度的高低[3]。Ainscough 指出，网络所具有的互动性特点使得网络使用者可以即刻链接其他信息来源，在互联网中，世界就如同近在人的指尖一般[4]。Gong 认为，网络具有高度的互动性（或者具有这种潜力），人们在网络上可以自由选择信息，并决定花多长时间、多少次以及以何种方

[1] PETERSON R A，BALASUBRAMANIAN S，BRONNENBERG B J. Exploring the Implications of the Internet for Consumer Marketing [J]. Journal of the Academy of Marketing Science，1997，25（4），329–346.

[2] BLATTBERG，R C，J DEIGHTON. Interactive Marketing：Exploring the Age of Address ability [J]. Sloan Management Review，1991（Fall）：5–14.

[3] ROGERS E M. Communication Technology：New Media in Society [M]. New York，NY：Free Press，1986.

[4] AINSCOUGH，THOMAS L. The Internet for the Rest of Us：Marketing on the World Wide Web [J]. Journal of Consumer Marketing，1996，12（2）：36–47.

式来接触信息[1]。Gong 也指出，互动性是网络这一新媒介区别于传统媒介的最重要差别之一。一些研究者还指出，网络的多媒体性质使得其可以把类似于报纸（文本和图表）、广播（声音）和电视（影像）的能力整合在一起[2]。

正是由于互动性的存在，让网络受众可以从本质上有别于报纸、广播、电视等传统媒体的受众。在网络上，受众不再仅仅是被动地接收和利用信息，而是掌握了相当部分的信息主动权。相当多的研究者都指出，网络使得消费者在市场中的主动权大大提升[3,4]。Pitt 等人指出，互联网不仅使得消费者之间可以达成一对一、一对多以及多对多的信息沟通，而且这种可以跨越时空的沟通成本极低；这就使得消费者可以增加其自身的影响力，有力地改变消费者与公司间已成传统的权力不平衡现象[5]。

这种主动权在消费行为方面的一个重要影响就是消费者对网络信息的主动使用。对网络受众而言，网络最主要是一种信息提供媒介。Sterne 指出，网络是一种拉式（pull）媒介，而非推式（push）媒介，即网络中的信息是由有相关信息需求的消费者找到并“拉走”的[6]。所以 Schumann 等人指出，从根本上说，正因为消费者选择了互动，所以

---

[1] GONG，WEN. Measuring Web Advertising Effectiveness in China : An Empirical Investigation [D]. Dissertation of George Washington University，2000.

[2] BREITENBACH C S，VAN DOREN D C. Value - added marketing in the Digital Domain : Enhancing the Utility of the Internet [J]. Journal of Consumer Marketing，1998，15（6）: 558-575.

[3] HOFFMAN D L，NOVAK T P，VENKATESH A. Has the Internet become indispensable？ [J]. Communications of the ACM，2004，47（7）: 37-42.

[4] KUCUK S U，KARISHNAMAURTHY S. An analysis of consumer power on the Internet [J]. Technovation，2007，27（1-2）: 47-56.

[5] PITT L F，BERTHON P R，et al. The Internet and the Birth of Real Consumer Power [J]. Business Horizons，2002，45（4）: 7-14.

[6] STERNE，JIM. World Wide Web Marketing : Integrating the Internet into Your Marketing Stragegy [M]. 2th New York : John Wiley & Sons，Inc.1999.

互动性更像是消费者的特征，而非互联网这一媒介的特征，互联网只不过促进了这种互动性而已[1]。

Schiffman等人通过调查将网络活动分为4类：商业相关的网络使用、信息和研究相关的网络使用、电子商务及相关用途的网络使用、有趣和娱乐相关的网络使用，不过这一调查主要是基于方便样本（非随机抽样），故代表性不够广泛[2]。Assael在更合理抽样的基础上，通过因子分析区分出了6种类型的网络用户：（1）网络能手（web generalists），他（她）们利用网络购买商品、获取产品信息、收发邮件、制订旅游计划；（2）下载者（downloaders），这类用户主要利用网络下载音乐和软件；（3）自我改良者（self-improvers），主要的网络活动是搜寻工作机会、搜集商业及教育信息以及阅读新闻；（4）娱乐追求者（entertainment seekers），主要利用网络玩游戏、获取娱乐；（5）贸易者（traders），主要利用网络进行股票交易；（6）社交家（socializers），其主要的网络使用目的在于参与网络聊天论坛[3]。林雅萍通过调查得出，受众使用网络主要出于4种目的：一是获取有用的信息；二是宣泄自己的情绪；三是进行情感的交流；四是参与娱乐或打发时间[4]。

从上述研究者的发现可以看出，通过网络获取信息是网络使用者所经常进行的活动之一。消费者可以从网络中获取的一个重要好处就是能接触到更多的动态信息来支持其消费决策。根据相关调查，从网

---

[1] SCHUMANN D W，ARTIS A，RIVERA R. The Future of Interactive Advertising Viewed Through an IMC Lens [J]. Journal of Interactive Advertising，2001，1（2）：43–55.

[2] SCHIFFMAN L G，SHERMAN E，LONG M M. Toward a Better Understanding of the Interplay of Personal Values and the Internet [J]. Psychology & Marketing，2003，20（2）：169–186.

[3] ASSAEL，HENRY. A Demographic and Psychographic Profile of Heavy Internet Users and Users by Type of Internet Usage [J]. Journal of Advertising Research，2005，93–123.

[4] 林雅萍．"使用与满足"理论与互联网环境下的文献接受 [J]. 上海师范大学学报（哲学社会科学版），2009，38（06）：76–84.

上获取购买相关的信息是网络使用者最喜欢的网络活动[1]。Berthon 等人也指出，网站的一个重要营销作用就是提供细化的产品信息及说明[2]。Brynjolfsson 和 Smith 就曾指出，购物机器人（shopbot，一种为特定产品提供价格比较的网站）对产品和价格信息的搜索成本，仅为电话购物的 1/30，较之于实地拜访零售商则成本节约程度更为可观[3]。Ward 和 Ostrom 强调，一次网络搜寻就可以让搜寻者获得传统媒介中难以获得的产品或服务信息（如个体消费者对产品或服务方面缺陷的指控）[4]。

Pitt 等人也认为，通过网络，消费者可以获取准确的、最新的、公正的信息，可以便捷地与其他消费者进行联络，可以方便地与其他消费者联合起来，可以更好地获知有关公司的缺陷方面的信息，并能获取专业知识以评价复杂的产品和服务[5]。来自于美国的调查数据显示，总的来说有更多（58%）的美国人（包括专家型使用者和普通家庭成员）使用互联网而非其他信息来源获取各种信息，而且有 55% 的网络使用者表示其利用网络获得了很多所需信息，另有 35% 的网络使用者表示其通过网络也获得了一些所需信息[6]。

Mazis 等人提出，无论何时，只要新的信息使部分消费者改变了购买决定，就向销售方提供了一个对其产品加以改进的讯号，从而最终

[1] GUPTA S. HERMES：A Research Project on the Commercial Uses of the World Wide Web [EB/OL]. [1995-02-13]. http：//www.umich.edu/~sgupta/hermes/.

[2] BERTHON P，PITT L，WATSON R T. Marketing communication and the world wide web [J]. Business Horizons，1996，39（5）：24-32.

[3] BRYNJOLFSSON E，SMITH M. Frictionless Commerce？ A Comparison of Internet and Conventional Retailers [J]. Management Science，2000，46：563-585.

[4] WARD J C，OSTROM A L. The Internet as information minefield：An analysis of the source and content of brand information yielded by net searches [J]. Journal of Business Research，2003，56（11）：907-914.

[5] PITT L F，BERTHON P R，et al. The Internet and the birth of real consumer power [J]. Business Horizons，2002，45（4）：7-14.

[6] Pew Internet and American Life Project survey.（2007b）.How People Use the Internet，Libraries，and Government Agencies When They Need Help.Available online：http：// www.pewinternet.org.

促使产品质量的改善[1]。基于这一观点，就可以更好地推论出网络和消费者在网络环境下的信息搜寻所能给市场带来的巨大影响。网络中海量消费信息的存在，使得消费者能够更为方便地获取可能改变其购买决定的信息，从而将改善产品的讯号传递给制造商和销售商，从总体上提升产品质量，并增加消费者的利益。

购买者和销售者之间的信息不对称会导致市场方面的失败[2]，而网络的出现为消费者的信息搜寻提供了极大便利，从而促进市场效率的提升。正如Porter所言，与电视、报纸和杂志等传统信息来源不同，网络为消费者带来了更多的互动性交流，这一点是其作为一种媒介所具有的独特属性。Porter也指出，因为网络所具有的交易成本低、价格和产品信息获取便利和购买相关服务方便等优点，所以人们对使用网络来获取信息的依赖性也越来越大[3]。

第二节　消费者信息搜寻

一、信息搜寻的定义及分类

信息搜寻，即information search，有些文献中也将其称为information acquisition或knowledge acquisition。对消费者而言，适当的信息搜寻是一个明智的消费决策的必要前提；而对营销者来说，“理解消费者的信息搜寻行为对公司的战略决策的制订极为重要”[4]。正因如此，消费者信息

[1] MAZIS M B，STAELIN R，BEALES H，et al. A Framework for Evaluating Consumer Information Regulation [J]. Journal of Marketing，1981，45（1）：11–21.

[2] AKERLOF，G. The Market for Lemons：Quality Uncertainty and the Market Mechanism [J]. Quarterly Journal of Economics，1970，84（3）：488–500.

[3] PORTER，M E. Strategy and the Internet [J]. Harvard Business Review，2001，3：63–78.

[4] MOORTHY S，TALUKDAR R D. Consumer Information Search Revisited：Theory and Empirical Analysis [J]. Journal of Consumer Research，1997，23（4）：263–277.

搜寻的研究所具有的悠久传统也就不足为奇。

关于信息搜寻的最早研究可以追溯至 19 世纪 20 年代，Copeland 将产品划分为便利性产品（convenience goods）、购买性产品（shopping goods）以及特别性产品（specialty goods）[1]。信息搜寻的范围正是进行这一划分所凭借的依据之一。在 Copeland 之后，又有 Nicosia[2]、Howard 和 Sheth[3] 等人的研究涉及了信息搜寻问题。

不同研究者对信息搜寻的定义有所不同。Solomon 认为，当消费者面临与消费相关的问题从而需要有关的信息以帮助其消费决策时，这种搜寻适当信息的行为即为信息搜寻[4]。Wilkie 和 Dickson 认为，信息搜寻是指谨慎地寻求有关产品、服务、商品及购买活动的适当知识[5]。Kelly 认为，信息搜寻是消费者为了对市场上的某些目标对象做出更好的决策而进行的信息搜集和处理活动[6]。Schmidt 和 Spreng 认为，信息搜寻是消费者做出消费决策之前，主动从不同信息来源（包括内部搜寻和外部搜寻）收集和整合信息的过程[7]。

大多数研究文献均将信息搜寻分为 2 类：内部搜寻（internal search）和外部搜寻（external search）。内部搜寻指的是与获取环境数据或与考

[1] COPELAND，MELVIN T. Relation of Consumers' Buying Habits to Marketing Methods [J]. Harvard Business Review，1923，1（4）：187–191.

[2] NICOSIA，FRANCESCO M. Consumer Decision Process [M]. Englewood Cliffs，N.J.：Prentice-Hall，1966.

[3] HOWARD，JOHN A，JAGDISH N. Sheth.The Theory of Buyer Behavior [M]. New York：Harper and Row，1969.

[4] SOLOMON，M R. Consumer Behavior：Buying，Having and Being [M]. Allyn & Bacon，1994.

[5] WILKIE，WILLIAM L，PETER R DICKSON. Shopping for Appliances：Consumers' Strategies and Patterns of Information Search [M]. Cambridge，MA：Marketing Science Institute，1985.

[6] KELLY，ROBERT F. The Search Component of the Consumer Decision Process：A Theoretic Examination，in Marketing and the New Science of Planning [J]. IL：American Marketing Association，1968：271–274.

[7] SCHMIDT J B，SPRENG R A. A proposed model of external consumer information search [J]. Journal of the Academy of Marketing Science，1996，24（3）：246–256.

虑中的特定购买行为直接相关的消费者的注意、感知或努力程度[1]，它在本质上与记忆扫描相关[2]；而外部搜寻是消费者从外部环境中获得相关知识或信息的过程[3]，它代表了消费者用以从外部环境中搜寻信息的具有目的性和自觉性的决定[4]。内部搜寻是从记忆中获取信息，而外部搜寻则是从朋友、产品包装或店内展示、广告、杂志（比如《消费者报告》，即“consumer reports”）等记忆之外的渠道获取信息[5]。内部搜寻是消费者重要的信息来源，当消费者面临一个购买决策时，就会回溯记忆中有关的既有购买体验，包括对该产品类别的体验以及之前关于消费环境方面的知识[6]。而当消费者开始意识到购买行为的重要性时[7]，或当内部搜寻的信息无法满足其决策需要时[8]，又或无法回顾到记忆中的信息时[9]，消费者便会进行外部搜寻。

客观地说，研究者们对内部搜寻所知不多，个别试着对其进行探讨的研究也并不成功。虽然内部搜寻是消费者的一个重要信息来源，对消费者的消费决策的意义也非常重要，但对内部搜寻所进行的任何

[1] BEATTY，SHARON E SCOTT M SMITH. External Search Effort：An Investigation across Several Product Categories [J]. Journal of Consumer Research，1987，14（6）：83–95.

[2] LYNCH，J G，SRULL T K. Memory and Attentional Factors in Consumer Choice：Concepts and Research Methods [J]. Journal of Consumer Research，1982，9（1）：18–37.

[3] ENGEL，JAMES F，ROGER D，et al. Consumer Behavior [M]. Chicago：The Dryden Press，1986.

[4] MURRAY K B. A Test of Services Marketing Theory：Consumer Information Acquisition Activities [J]. Journal of Marketing，1991，55（1）：10–25.

[5] BETTMAN，JAMES R. An Information Processing Theory of Consumer Choice [M]. Addison-Wesley Educational Publishers Inc，1979.

[6] HUGHES，JACOBY，et al. Analyzing Consumer Information Processing，in Marketing Involvement in Society and the Economy [C]. Chicago：American Marketing Association，1969：235–240.

[7] MURRAY K B. A Test of Services Marketing Theory：Consumer Information Acquisition Activities [J]. Journal of Marketing，1991，55（1）：10–25.

[8] ENGEL，JAMES F，ROGER D，et al. Consumer Behavior [M]. Chicago：The Dryden Press，1986.

[9] SCHMIDT J B，SPRENG R A. A Proposed Model of External Consumer Information Search [J]. Journal of the Academy of Marketing Science，1996，24（3）：246–256.

研究都需要细致入微的过程追踪手段[1]，而目前的研究手段很难满足这种要求，所以对于内部搜寻的研究相对而言就较难开展。正如 Newman 所指出的，关于信息搜寻的大部分研究都是在关注外部搜寻[2]。而本研究的关注重点，也在于外部信息搜寻方面，所以下文中的“信息搜寻”，均代表外部信息搜寻之意。

虽然信息搜寻对消费者决策的作用极大，但令人疑惑的是很多有关信息搜寻的实证研究都证实，消费者所进行的购前信息搜寻活动极为有限[3,4]，即便是面临着某些高价耐用品的购买决策时[5]。对于这一现象，Claxton 等人给出的解释是，消费者的信息搜寻或许是一个持续性的过程，甚至在明确购买决策之前就可能发生，所以当消费者的购买决策确定之后，所需搜寻的信息相对就会少一些[6]。在回顾了大量有关信息搜寻的研究之后，Newman 归纳出了消费者增加搜寻行为的 3 个前提，即消费者相信：（1）购买是重要的；（2）有需要获得更多信息；（3）他（她）能很轻松地获得并利用信息[7]。

Hawkins 等人对 8 项历时 50 年、涉及 2 大类产品、4 大项服务，以及 2 个国家的关于消费者信息搜寻的独立研究进行了总结，发现消

[1] PUNJ G N, STAELIN R. A Model of Consumer Information Search Behavior for New Automobiles [J]. Journal of Consumer Research, 1983, 9（4）: 366–380.

[2] NEWMAN, JOSEPH W. Consumer External Search : Amount and Determinates, in Consumer and Industrial Buying Behavior [M]. New York : Elsevier North Holland, 1977.

[3] OLSHAVSKY D R W. External Search : The Role of Consumer Beliefs [J]. Journal of Marketing Research, 1982, 19（1）: 32–43.

[4] DOMMERMUTH W P. The Shopping Matrix and Marketing Strategy [J]. Journal of Marketing Research, 1965, 2（2）: 128–132.

[5] BEATTY, SHARON E SCOTT M SMITH. External Search Effort : An Investigation across Several Product Categories [J]. Journal of Consumer Research, 1987, 14（6）: 83–95.

[6] CLAXTON J D, FRY J N, PORTIS B. A Taxonomy of Prepurchase Information Gathering Patterns [J]. Journal of Consumer Research, 1974, 1（3）: 35.

[7] NEWMAN, JOSEPH W. Consumer External Search : Amount and Determinates, in Consumer and Industrial Buying Behavior [M]. New York : Elsevier North Holland, 1977.

费者所进行的信息搜寻从量上来看具有惊人的一致性。Hawkins 等人根据总的信息搜寻情况将消费者分成 3 类：（1）很少或不搜寻信息的不搜寻信息者；（2）低水平到中等水平搜寻信息的有限信息搜寻者；（3）高水平搜寻信息的大量信息搜寻者[1]。相关数据见表 2–1。

表 2–1　基于信息搜寻的消费者分类

国别 / 产品 / 年份	不搜寻信息者	有限信息搜寻者	大量信息搜寻者
美国 / 电器产品 /1955	65	25	10
美国 / 电器产品 /1972	49	38	13
美国 / 电器产品 /1974	65	27	8
澳大利亚 / 汽车 /1981	24	58	18
美国 / 电器产品 /1989	24	45	11
美国 / 专业服务 /1989	55	38	7
澳大利亚 / 专业服务 /1995	53	35	12
美国 / 汽车 /2003	20	40	20

当消费者进行信息搜寻时，其所关注的信息是多元化的。Duncan 和 Olshavsky 总结了多项研究，发现价格是消费者用来判定产品整体质量的一个指标[2]。此外，作为消费者简化信息搜寻和产品评价过程的重要线索而存在的指标还包括品牌[3–5]、商店（Enis 和 Stafford，1969）[6]、标

[1] HAWKINS，et al. 消费者行为学 [M]. 符国群，等译 . 机械工业出版社，2007.

[2] OLSHAVSKY D R W. External Search：The Role of Consumer Beliefs [J]. Journal of Marketing Research，1982，19（1）：32–43.

[3] ALLISON，R，K UHL. Influence of Beer Brand Identification on Taste Perception [J]. Journal of Marketing Research，1964，1（8）：36–9.

[4] GARDNER，D M. An Experimental Investigation of the Price–Quality Relationship [J]. Journal of Retailing，1970，46（Fall）：39–40.

[5] MCCONNELL，J D. The Development of Brand Loyalty [J]. Journal of Marketing Research，1968，5（2）：47–55.

[6] OLSHAVSKY D R W. External Search：The Role of Consumer Beliefs [J]. Journal of Marketing Research，1982，19（1）：32–43.

签[1]、生产国[2-4]，以及经销商的市场份额等。

Bloch 等人拓展了消费者搜寻的理论范畴，正式提出了持续性搜寻（ongoing search）的概念[5]。所谓持续性搜寻，是指独立于特定的购买需求或决策而存在的搜寻活动。Bloch 等人指出，相当部分的消费者会因为储存产品信息和体验愉悦这 2 种动机而从众多信息渠道中经常性地获取产品信息。

Bellenger 和 Korgoankar 发现，即便在没有购买计划的情况下，很多消费者也很享受逛街购物过程。这说明，信息搜寻并不一定要和购买计划挂钩[6]。Babin 等人也指出，有些消费者参与购物活动的目的是享受其中的乐趣，而非达成某些特定的购前目标[7]。所以 Bloch 等人提出，在购买情境之外还存在很多类型的信息搜寻活动，诸如阅读时尚杂志以获取最新的潮流资讯、与朋友讨论时尚趋势之类的行为，与消费者在服装商店内的观察等均是基于同样动机。

Bloch 等人也指出，虽然从概念上来说购前搜寻和持续性搜寻之间存在较大差异，但在实际中二者却是难以区分的[8]。因为在现实当中，

[1] ASAM，E H AND L P BUCKLIN. Nutrition Labeling for Canned Goods：A Study of Consumer Response [J]. Journal of Marketing，1973，37（4）：32–37.

[2] LILLIS C M，NARAYANA C L. Analysis of "Made in" Product Images - An Exploratory Study [J]. Journal of International Business Studies，1974，5（1）：119–127.

[3] REIERSON，C. Are Foreign Products Seen as National Stereotypes ？ [J]. Journal of Retailing，1966，42（7），33–40.

[4] CUNDIFF W E W. Assessing the Quality of Industrial Products [J]. Journal of Marketing，1978，42（1）：80–86.

[5] BLOCH，PETER H，DANIEL L，et al. Consumer Search：An Extended Framework [J]. Journal of Consumer Research，1986，13（1）：119–126.

[6] BELLENGER，DANNY N，PRADEEP KORGOANKAR. Profiling the Recreational Shopper [J]. Journal of Retailing，1980，58（Spring）：58–81.

[7] BABIN，BARRY J，et al. Work and/or Fun：Measuring Hedonic and Utilitarian Shopping Value [J]. Journal of Consumer Research，1988，20（2）：644–656.

[8] BLOCH，PETER H，DANIEL L，et al. Consumer Search：An Extended Framework [J]. Journal of Consumer Research，1986，13（1）：119–126.

很难精确地找出消费者何时确立了购买意向，以及何时开始了对购买决策的处理。也正如 Furse 等人所指出的，虽然购前搜寻和持续性搜寻的目的并不一致，但在外部的观察者看来是很难发现差别的[1]。基于实际操作方面的考量，本研究暂只将购前搜寻作为研究对象。

二、信息搜寻研究的理论框架

Srinivasan 对信息搜寻研究的理论基础进行了归纳，将其分为 3 个类别：使用成本 – 收益框架（cost–benefit framework）的经济学研究取向；运用动机以及人、产品、情境相关变量的心理学研究取向；强调记忆的作用以及人类信息处理（information–processing）的局限性的消费者信息处理取向[2]。因为动机和能力（即信息处理途径）同属心理学的范畴，所以信息搜寻的理论基础也可大致分为 2 种类别：经济学取向以及心理学取向。

1. 经济学研究取向

从经济学研究取向对信息搜寻所作的研究，主要运用了经济学中有关经济成本以及时间成本方面的理论来研究信息搜寻现象[3]，强调消费者在进行信息搜寻时会对搜寻的成本和收益进行权衡[4]。

成本 – 收益理论是现代经济学中最为基本的原理之一。其基本要义在于：当且仅当采取某种行动的边际收益超过边际成本时，个人（企

[1] FURSE D H，PUNJ G N，STEWART D W. A Typology of Individual Search Strategies Among Purchasers of New Automobiles [J]. Journal of Consumer Research，1984，10（4）：417.

[2] SRINIVASAN，NARASIMHAN. Pre–Purchase External Search for Information，in Review of Marketing [C]. Chicago：American Marketing Association，1990：153–189.

[3] GREIG CHARLOTTE GRACE. Consumers on the Web：A Study of Pre–Purchase Search [D]. The Golden Gate University，2003.

[4] MOORTHY S，TALUKDAR R D. Consumer Information Search Revisited：Theory and Empirical Analysis [J]. Journal of Consumer Research，1997，23（4）：263–277.

业或者社会）才会采取该行动[1]。虽然不断有人对成本－收益理论提出质疑，认为其难以与人们在现实生活中的决策情境相符合，但经济学家也对此作出了辩解：成本－收益理论仅仅只是一个抽象模型，其所蕴含的真正意义在于说明一个理性的决定总是直接或间接地建立在对成本和收益的相对衡量上。持此种观点的学者认为，事实上人们所做出的大多数决定都是合理的，而且人们在这些决策过程中一直在进行对成本和收益的权衡，只不过很少有人真正意识到这一点而已。

Stigler是采用经济学研究取向来探讨信息搜寻行为的先驱，他的理论对后来的研究者影响深远[2]。按照Stigler的观点，在市场中存在着N个候选品牌或经销商，消费者的考虑集合$n < N$，消费者做出最佳选择的可能性随着n值的增大而增加。也就是说，消费者所获得的信息越多，就越可能做出更佳的决策。但是信息搜寻在带来收益的同时，也会导致成本的付出。Stigler的中心论点是，信息搜寻的努力程度随着搜寻所获收益的降低而减少，信息搜寻的最佳水平出现在搜寻的边际成本与预期收益相等之时。Stigler认为信息在帮助消费者做出一个合适的消费决策时是极具价值的，他所提出的成本－收益理论框架也影响了相当多的后续研究者。

Stigler认为，一个购买者（或销售商）若要获得最合算的价格，就必须比较许多不同的销售商（或购买者），这种现象就被Stigler称为“搜寻”。在Stigler的理论中，对信息的搜寻是用经济成本来定义的，也包括与物理因素或心理因素相关的风险。Stigler还提出，对于消费者而言，搜寻信息的成本大致对应于其拜访的销售商的数量，即消费者进行信

[1] FRANK，ROBERT H，BEN S BERNANKE. Principles of Microeconomics 4th [M]. McGraw-Hill Irwin，2009.

[2] STIGLER，GEORGE J. The Economics of Information [J]. Journal of Political Economy，1961，69（3）：213-225.

息搜寻的主要成本是所付出的时间。当然，搜寻成本也会因消费者的具体情况而异，因为时间成本的大小与消费者的收入水平相关。

Nelson 的研究拓展了 Stigler 的理论，他指出消费者可能并不一定具有关于产品价格的全部信息。更重要的一点，Nelson 指出同一类别产品的质量水平可能存在高下之分，而关于产品质量的信息较之于价格信息更难获取，这也是质量信息有别于价格信息的原因 [1]。所以 Nelson 提出了搜寻属性（search attributes）和体验属性（experience attributes）的观点，将搜寻属性定义为可以在购买前获知的产品属性（如服装产品的样式），把体验属性定义为只能在购买及消费之后才能获知的产品属性（如饮料的口味）。基于上述看法，Nelson 把产品分为搜寻产品（search goods）与体验产品（experience goods）2 类，而消费者的信息搜寻战略将因产品类别的不同而有所区别。对搜寻产品而言，消费者可以通过信息搜寻获得其质量信息；而对体验产品而言，信息搜寻所能起到的作用就不大了，消费者只能通过对产品的亲身体验来获取其质量信息。

Stigler 和 Nelson 等人的研究均未对消费者的个体差异予以足够重视，但 Ratchford 的研究填补了这一缺憾 [2]。Ratchford 认为，消费者的喜好和评价、既有知识、评价信息的能力，以及教育水平等因素都可能对信息搜寻产生影响。通过 Nelson、Ratchford 等人的不断补充完善，经济学研究取向下的成本－收益理论愈加全面。Ratchford 和 Srinivasan 的研究也证实了该理论框架的部分合理性：当处于通过继续搜寻也无法获取更多收益（至少从价格的降低方面而言）的时间点时，消费者就将停止信息搜寻。这一现象并不一定意味着大部分消费

[1] NELSON P J. Information and Consumer Behavior [J]. Journal of Political Economy, 1970, 78（2）: 311−329.

[2] RATCHFORD B T. Cost−Benefit Models for Explaining Consumer Choice and Information Seeking Behavior [J]. Management Science, 1982, 28（2）: 197−212.

者达成了一个好买卖，而意味着在不大幅增加搜寻时间的情况下，大多数消费者凭其能力和现状并不能做得更好，哪怕是在较低的价格都未获得的前提下[1]。

正如所总结的，在成本-收益的理论框架中，金钱、心理、情感或者精神，以及任何能够增加搜寻收益或降低搜寻成本的变量都可以称为信息搜寻活动中的收益和成本[2]。Guo也指出，成本和收益所指代的范畴较广，可以是心理、精神或是情感上的。收益不仅包括经济层面上的，还包括购物过程中的愉悦性之类的消费者福利；成本则不仅仅包含经济上的付出，亦包含搜寻的难度等[3]。能增加搜寻收益或降低成本的变量会导致搜寻努力的增加，而能增加搜寻成本或降低收益的变量则会导致搜寻努力的降低。

基于经济学研究取向所进行的信息搜寻研究的一个前提假设：对特定产品而言，在任何时候都存在着价格上的差别，而消费者则清楚地知道价格信息的分布状况。在产品价格存在较大差别时，信息搜寻的成效最大。而经济学取向中的信息搜寻研究的另一个重要假设：消费者是完美的信息处理者，他（她）们可以顺利将信息搜寻活动控制在边际收益和预期成本的平衡点这一“最佳水平”之上。在这里，经济学中经典的“理性经济人”的前提假设被导入了信息搜寻活动中，消费者对自己的搜寻目标有着清晰的认识，并且似乎天生就具备对搜寻成本以及预期收益的精准评估能力。实际上，来自于消费者行为学与新兴的行为经济学的众多研究都表明，“理性消费者”更可能只是一

[1] RATCHFORD B T. Cost-Benefit Models for Explaining Consumer Choice and Information Seeking Behavior [J]. Management Science，1982，28（2）：197-212.

[2] GREIG CHARLOTTE GRACE. Consumers on the Web：A Study of Pre-Purchase Search [D]. The Golden Gate University，2003.

[3] GUO C. A Review on Consumer External Search：Amount and Determinants [J]. Journal of Business and Psychology，2001，15（3）：505-519.

种过于乐观的假设，它可能只存在于研究者的假设中[1,2]。这也就是为什么 Newman[3]、Beatty 和 Smith[4] 等人都发现，即便面临着重要的消费决策时，消费者们还是普遍"懒于"进行更多的信息搜寻活动。

此外，从经济学取向探讨消费者信息搜寻的研究还普遍存在以下不足：将研究的重心过于聚焦在价格之上，忽视了产品之间可能存在的品牌、质量、性能等其他差别。而经验告诉我们，在价格之外恰恰还存在着诸多影响消费者决策的因素。以来自百度数据研究中心的数据为例，当网民通过搜索引擎获取有关个人电脑方面的信息时，产品型号、品牌信息是最受关注的 2 类信息（关注度分别为 15.63% 和 14.72%），而对价格信息的关注度只有 5.11%[5]。正如 Xia 所评价的，虽然经济学的理论模型具有简约的优势，但其所依据的前提假设却通常并不现实，难以符合现实的市场状况[6]。

很多研究者对传统的经济学取向的某些假设提出了质疑，Zwick 等人在其研究中并未假设消费者对产品价格或其他产品属性的差别有着精准了解，也并不认为消费者的信息搜寻只限定于价格之类的单一维度，在此基础上得出的结论就与 Stigler 等人并不一致：在某些情况下，消费者的信息搜寻努力是不足的，但在另一些情况下，消费者也可能进行过度的信息搜寻[7]。

---

[1] SCHIFFMAN G LEON，LESLIE L Kanuk. Consumer Behavior [M]. 北京：清华大学出版社，2004.

[2] 马广奇，张林云 . 行为经济学的理论贡献及其应用 [J]. 经济论坛，2009（10）：8-12.

[3] NEWMAN，JOSEPH W. Consumer External Search：Amount and Determinates，in Consumer and Industrial Buying Behavior [M]. New York：Elsevier North Holland，1977.

[4] BEATTY，SHARON E SCOTT M SMITH. External Search Effort：An Investigation Across Several Product Categories [J]. Journal of Consumer Research，1987，14（6）：83-95.

[5] 百度数据研究中心 . PC 行业网民特征 [EB/OL]. [2010-8-19]. http：//data.baidu.com/content/2010-09-09/1289813919.html.

[6] XIA，LAN. A Multi-Method Investigation of Consumer Browsing Behaviors and Unintended Information Acquisition：Three Essays [D]. The University of Illinois at Urbana-Champaign.

[7] ZWICK R，RAPOPORT A，MUTHUKRISHNAN A K C L V. Consumer Sequential Search：Not Enough or Too Much？ [J]. Marketing Science，2003，22（4）：503-519.

虽然经济学的理论取向尚存不足，但它所提出来的“成本－收益”框架却对消费者信息搜寻研究影响极深。相当多的研究者都遵循着 Stigler 和 Nelson 所开拓的经济学取向对信息搜寻进行研究，将信息搜寻的成本和收益作为消费者信息搜寻模型中的重要变量来看待[1-3]。在信息搜寻领域拥有广泛影响力的 Ratchford 认为，利用成本－收益框架研究信息搜寻及选择行为至少具有两大优势：一是提供了一个以货币语言评估所观测行为的成本和收益的方法，为决策者提供了改进相关决策的客观依据；二是成本－收益框架有助于研究者了解所观测行为发生的根本原因，并发展出可以用标准化的消费者研究方法进行检验的理论假设[4]。正是基于成本－收益框架，我们延续了之前研究者的做法，将搜寻收益和搜寻成本当做搜寻动机的重要中介变量来看待。

2. 心理学研究取向

在经济学之外，消费者信息搜寻的另一个重要理论取向为心理学的理论取向。与经济学取向强调的成本－收益框架不同，心理学取向强调对消费者信息搜索的能力和动机进行研究[5]。在心理学的研究取向中，研究者们从心理学以及行为科学领域导入了很多个体层面的变量来对信息搜寻行为进行解释。

在心理学的研究取向中，消费者不再具有完全的理性，在边际成本和预期收益之外，还存着很多心理和行为方面的变量会对搜寻的努

[1] DUNCAN, C P, OLSHAVSKY, R W. External Search : The Role of Consumer Beliefs [J]. Journal of Marketing Research, 1982, 19 (1): 32-43.

[2] PUNJ, GIRISH N. and Richard Staelin. A Model of Consumer Information Search Behavior for New Automobiles [J]. Journal of Consumer Research, 1983, 9 (4): 366-380.

[3] SRINIVASAN, NARASIMHAN, AND BRIANT T RATCHFORD. An Empirical Test of a Model of External Search for Automobiles [J]. Journal of Consumer Research, 1991, 18 (2): 233-242.

[4] RATCHFORD B T. Cost-Benefit Models for Explaining Consumer Choice and Information Seeking Behavior [J]. Management Science, 1982, 28 (2): 197-212.

[5] XIA, LAN. A Multi-Method Investigation of Consumer Browsing Behaviors and Unintended Information Acquisition : Three Essays [D]. The University of Illinois at Urbana-Champaign.

力程度产生影响。消费者搜寻信息的程度要由其搜寻的动机（即消费者对目标产品已经了解多少和愿意了解多少）来决定，但同时又受制于其处理信息的认知能力。因为认知能力的限制，消费者可能不一定能获得最佳的搜寻水平。研究者已经证明，在信息处理过程中，人们对信息处理只具有有限的认知能力[1]。在心理学取向的研究中，动机被视为信息搜寻活动的重要驱动力[2]。对一个适当的购买决策的期望，是引发消费者进行信息搜寻的动机。而感知风险等其他一系列能够影响动机的因素，也是影响搜寻范围和努力的潜在决定因素。

运用心理学的研究取向分析消费者的信息搜寻行为时，计划行为理论（theory of planned behavior，TPB）和精细加工可能性模型（elaboration likelihood model，ELM）是 2 个颇具价值的理论框架。计划行为理论由 Ajzen 提出，是社会心理学领域中最为著名的有关态度与行为之间关系的理论之一。该理论是从信息加工的角度、以期望价值理论为出发点解释个体行为一般决策过程的理论[3]。

根据计划行为理论，人的行为主要受到行为态度、主观规范与感知行为控制等 3 个因素的影响。行为态度（attitude towoard behavior）是指个人对于行为所具有的态度，由认知、情感以及行为意向 3 个相互关联的因素组成；主观规范（subjective norms）是指个人对于是否采取某种特定行为所感受到的社会压力；感知行为控制（perceived behavior control）是指个体感知到执行某种特定行为容易或困难的程度。作为分析理性消费者行为的一个重要理论框架，计划行为理论受到了众多研究者的青睐，被广泛运

[1] MILLER，GEORGE A. The Magic Number Seven，Plus or Minus Two：Some Limits on Our Capacity for Processing Information [M]. The Psychological Review，1986，81–79.

[2] HOWARD，JOHN A，JAGDISH N SHETH. The Theory of Buyer Behavior [M]. New York：Harper & Row，1969.

[3] 段文婷，江光荣. 计划行为理论述评 [J]. 心理科学进展，2008，16（2）：315–320.

用于消费者行为研究的各个领域。由于消费者所进行的购前网络信息搜寻行为是一种带有明确目的性的行为，且本研究将搜寻动机这一行为意向层面的变量作为因变量，所以适用于计划行为理论的研究框架。

EIM 模型由 Petty 和 Cacioppo 提出，它是消费者信息加工方面最具影响力的理论模型之一。ELM 模型的理论前提在于，每个人都希望持有正确的态度，但并非所有人都会因此对信息进行精细加工[1]。Petty 和 Cacioppo 指出，由于个体在动机和能力方面存在差别，所以不同个体对信息会有不同的处理方式。精细加工可能性模型提供了中枢路径(central route）和边缘路径（peripheral route）2 种不同的信息处理方式。中枢路径是指当信息接收者具有较高的动机和能力时，就会对与产品相关的关键或核心信息投入较多的注意力，之后再通过仔细深入的考虑来对产品作出评价；而边缘路径则是指信息接收者缺乏信息加工的动机和能力，并未对信息内容进行仔细思考，这时的态度转变主要由说服情境中存在的某些简单线索（如信源可信性）引起。与边缘路径相比，经由中枢路径产生的说服效果更为持久且牢固。

ELM 模型中的“能力”主要指的是信息加工的能力，这就与信息搜寻中的主观及客观产品知识相关，当消费者具有较高的产品知识时（不管是客观具有的还是主观感知的），都可能对消费者信息加工能力的自我评估产生影响,从而进一步影响到消费者对信息的主动获取。此外，ELM 模型证实，个人卷入度（或个人关联性）是增强或减弱精细加工的重要变量之一[2]。这也提醒了研究者：在探讨信息搜寻时需要对个人

[1] PETTY, RICHARD E, JOHN T CACIOPPO. Attitudes and Persuasion : Classic and Contemporary Approaches [M]. Dubuque.IA : Wm.C.Brown, 1981.

[2] PETTY, RICHARD E AND JOHN T CACIOPPO. The Elaboration Likelihood Model of Persuasion.in Advances in Experimental Social Psychology [M]. Leornard Berkowitz.Orlando, FL : Academic Press, 1986 : 123-205.

卷入度的调节效应予以关注。

Bettman 的研究是心理学取向的信息搜寻研究中的代表，他提出了一个关于消费者选择的信息处理模型，该模型对消费者的实际行为做出了较好的解释，具有较大的影响力 [1]。Bettman 提出，因为消费决策的任务相对于消费者的认知能力而言通常显得太过复杂，所以消费者倾向于使用简单的启发性线索来帮助其决策，而品牌名字就是这种线索之一。这些启发性的线索有助于消费者简化购买问题并达成一个合理而满意的选择。也就是说，在心理学的研究取向中，消费者往往不会期待达成一个“最佳”的消费决策，而只是需要决策“合理”即可，所以其所进行的信息搜寻无需达到经济学取向中所期望的精确的最佳水平。此外，心理学取向下的信息搜寻研究也对个体影响、搜寻活动的产品和情节变量等进行了探讨，为本领域带来了丰富的实证研究成果 [2]。

正如 Moorthy 所提出的，信息搜寻研究中的经济学取向和心理学取向的理论基础虽然不同，但二者是互补性而非竞争性的 [3]。采用经济学或心理学取向的研究者分别将不同的理论养分带入了信息搜寻的研究领域，大大促进了这一领域的研究水平。在既有文献中，已经有不少成功综合 2 种研究取向的例子存在，如 Dowling 和 Staelin[4] 以及 Schmidt 和 Spreng 的研究 [5]。

---

[1] BETTMAN，JAMES R. An Information Processing Theory of Consumer Choice [M]. Addison-Wesley Educational Publishers Inc，1979.

[2] XIA，LAN. A Multi-Method Investigation of Consumer Browsing Behaviors and Unintended Information Acquisition：Three Essays [D]. The University of Illinois at Urbana-Champaign.

[3] MOORTHY S，TALUKDAR R D. Consumer Information Search Revisited：Theory and Empirical Analysis [J]. Journal of Consumer Research，1997，23（4）：263-277.

[4] DOWLING G R，STAELIN R. A Model of Perceived Risk and Intended Risk-Handling Activity [J]. Journal of Consumer Research，1994，21（1）：119.

[5] SCHMIDT J B，SPRENG R A. A Proposed Model of External Consumer Information Search [J]. Journal of the Academy of Marketing Science，1996，24（3）：246-256.

三、信息搜寻的来源

在进行信息搜寻时，消费者所使用的信息来源是较为多元化的。除了 Newman 和 Staelin 所作的人际渠道、中立渠道、广告、零售店等 4 种类别的划分之外[1]，Lutz 和 Reilly 亦将信息搜寻的来源分为个人来源、非个人来源和直接体验 3 类[2]。

Duncan 和 Olshavsky 结合前人研究，将消费者信息搜寻的来源分为以下类别：对亲戚、朋友和邻居的咨询，《消费者报告》和其他购买指导，对销售人员和其他卖场员工的咨询，对销售商的拜访（所观察的商店和产品型号的数量），杂志广告、电视广告、广播广告以及报纸广告[3]。Schmidt 和 Spreng 根据信息内容掌控者的不同，将信息来源分为生产商、分销商、第三方及人际信息来源[4]。信息来源的使用可能因人而异，有些消费者在进行购前搜寻时可能更倾向于将信息来源限定在特定类别，而有些消费者则倾向于使用更多的信息来源[5]。

四、信息搜寻努力的衡量

Beatty 和 Smith 这样定义信息搜寻努力（search effort）：与获取环境数据或与考虑中的特定购买相关的信息所直接相关的注意、感知以及努力的程度[6]。Schmidt 和 Spreng 对信息搜寻努力的定义为与消费相关的

[1] NEWMAN J W，STAELIN R. Pre-Purchase Information Seeking for New Cars and Major Household Appliances [J]. Journal of Marketing Research，1972，9（3）：249-257.

[2] LUTZ，et al. An Exploration of the Effects of Perceived Social and Performance Risk on Consumer Information Acquisition [J]. in Advances in Consumer Research，1973，1：393-405.

[3] OLSHAVSKY D R W. External Search：The Role of Consumer Beliefs [J]. Journal of Marketing Research，1982，19（1）：32-43.

[4] SCHMIDT J B，SPRENG R A. A Proposed Model of External Consumer Information Search [J]. Journal of the Academy of Marketing Science，1996，24（3）：246-256.

[5] WESTBROOK R A，FORNELL C. Patterns of Information Source Usage among Durable Goods Buyers [J]. Journal of Marketing Research，1979，16（3）：303-312.

[6] BEATTY，SHARON E SCOTT M SMITH. External Search Effort：An Investigation across Several Product Categories [J]. Journal of Consumer Research，1987，14（6）：83-95.

目标对象相联系的注意、感知以及努力的程度，无论目标对象是否与消费者计划中的特定购买行为相联系。

文献中存在较多衡量信息搜寻程度的方式。造访商店的次数是研究者们最早也是最常运用的衡量手段之一（如 Dommermuth[1]、Udell[2]）。不少研究运用了消费者自我报告的方式，通过所使用的信息来源种类、所考虑的信息种类、所考虑的候选产品数量以及在购买决策时花费的时间等指标来衡量信息搜寻的程度[3]。但是 Newman 和 Lockman 也对之前学者们所使用的衡量标准是否能精确反映信息搜寻的程度提出了怀疑[4]。

正如 Newman 和 Staelin 所指出的，虽然决策所耗的时间与信息搜寻的努力存在正相关，但另一方面也有数据证明经验丰富的购买者可以在更短时间内搜集到更多信息[5]。此外，当消费者需要对难以直接观测的产品或服务的显著属性加以评价时，将转向于更易观测的属性以做出购买决定。

Punj 和 Staelin 用 2 个项目来测量信息搜寻的程度，所能解释的方差平均为 65%[6]。第 1 个项目为家庭成员为选择购买何种产品及从哪个销售商处购买所花费的总时间（小时）；第 2 个项目为以下 9 种特定的信息搜寻活动所花时间的平均值（小时）：与朋友或邻居商量，阅读报纸、

---

[1]　DOMMERMUTH W P. The Shopping Matrix and Marketing Strategy [J]. Journal of Marketing Research，1965，2（2）：128–132.

[2]　UDELL，JON G. Prepurchase Behavior of Buyers of Small Electrical Appliances [J]. Journal of Marketing，1966，30：50–52.

[3]　BEATTY，SHARON E SCOTT M SMITH. External Search Effort：An Investigation across Several Product Categories [J]. Journal of Consumer Research，1987，14（6）：83–95.

[4]　NEWMAN J W，LOCKEMAN B D. Measuring Pre–Purchase Information Seeking [J]. Journal of Consumer Research，1975，2（3）：216–222.

[5]　NEWMAN J W，STAELIN R. Pre–Purchase Information Seeking for New Cars and Major Household Appliances [J]. Journal of Marketing Research，1972，9（3）：249–257.

[6]　PUNJ G N，STAELIN R. A Model of Consumer Information Search Behavior for New Automobiles [J]. Journal of Consumer Research，1983，9（4）：366–380.

书籍、杂志文章，看报纸和杂志中的广告，阅读产品评估资料，阅读制造者的资料，来回销售场所所花费的时间，观察产品展示，与销售员交谈以及试用产品。Duncan 和 Olshavsky 用消费者所观察的商店以及产品型号的数量来衡量店内信息搜寻（in-store search）的程度，用消费者从个体来源（朋友、亲戚和邻居）、非参与型来源（unsponsored sources，消费者购物指导）以及销售商控制来源（销售人员、广告）获取信息的次数来衡量店外信息搜寻（out-of-store information acquisition）的程度[1]。

Beatty 和 Smith 用 4 个指标来衡量总体信息搜寻努力，并为其赋予不同的权重，分别为零售商搜寻（权重为 4）、媒介搜寻（权重为 2）、人际搜寻（权重为 1）以及中立信息来源搜寻（权重为 2）[2]。Beatty 和 Smith 发现购买卷入度、对购物的态度、时间的充足性以及产品类别知识会影响零售商搜寻和媒介搜寻，从而影响总体的信息搜寻努力，而产品类别知识的缺乏会导致消费者利用人际来源搜寻信息。

Ratchford 和 Srinivasan 将搜寻的时间作为搜寻程度的衡量指标，涵盖了消费者为获得适宜的价格而在各方面花费的总时间，包括与亲戚朋友的商谈、广告接触、咨询销售商、参观展示厅、与销售人员的交谈等所花费的时间[3]。Klein 和 Ford 用所耗费的时间（小时）以及所运用的信息来源的种类综合反映搜寻努力[4]。

---

[1] DUNCAN，CALVIN P，RICHARD W OLSHAVSKY. External Search：The Role of Consumer Beliefs [J]. Journal of Marketing Research，1982，19（1）：32-43.

[2] BEATTY，SHARON E，SCOTT M SMITH. External Search Effort：An Investigation across Several Product Categories [J]. Journal of Consumer Research，1987，14（6）：83-95.

[3] RATCHFORD，BRIAN T. N. An Empirical Investigation of Returns to Search [J]. Marketing Science，1993，12（1）：73-87.

[4] KLEIN，LISA R AND GARY T FORD. Consumer search for information in the digital age：An empirical study of prepurchase search for automobiles（p29-49）[J]. Journal of Interactive Marketing，2010，17（3）：29-49.

正如 Urbany 等人所总结的，单纯用一个概括性的搜寻指标的得分难以涵盖搜寻行为所具有的多种不同特性 [1]。所以，用不同的指标对搜寻的不同维度进行衡量更为适当。

五、信息搜寻的影响因素

在关于信息搜寻的研究中，对消费者信息搜寻行为的影响因素的探讨一直是重中之重。除消费者既有知识之外，还存在诸多能够对信息搜寻产生影响的因素。Srinivasan 和 Ratchford 指出，以往的研究中使用了近 60 个影响外部信息搜寻的变量 [2]。而如何对这些变量加以分类，学者们的意见又不太一致。

Claxton 等人认为，个体差异（尤其是与消费者的兴趣和知识有关的差异）、经济限制和已拥有产品的状况等情境性因素，成本、强调时尚还是功用以及使用环境等产品方面的因素都会影响到消费者的信息获取行为 [3]。作为最早对信息搜寻的决定因素进行分类把握的研究者之一的 Newman，将其分为 6 个类别，分别为成本、潜在收益（包括价格、式样、感知差异、感知风险、知识、体验、教育以及收入）、购买战略（包括品牌和商店喜好、满足还是最优化、信息获取的战略）、情境变量（包括紧迫程度、财务压力、特殊购买机会以及居住位置）、个性化变量、其他变量（包括家庭角色、主要影响团体、社会压力、职业、年龄以及生命周期阶段）[4]。

[1] URBANY J E，DICKSON P R，WILKIE W L. Buyer Uncertainty and Information Search [J]. Journal of Consumer Research，1989，16（2）：208–215.

[2] SRINIVASAN N，RATCHFORD B T. An Empirical Test of a Model of External Search for Automobiles [J]. Journal of Consumer Research，1991，18（2）：233–242.

[3] CLAXTON J D，FRY J N，PORTIS B. A Taxonomy of Prepurchase Information Gathering Patterns [J]. Journal of Consumer Research，1974，1（3）：35–42.

[4] NEWMAN，JOSEPH W. Consumer External Search：Amount and Determinates，in Consumer and Industrial Buying Behavior [M]. New York：Elsevier North Holland，1977.

Bettman 在之后提出的新分类方式中，将选择处理强度（choice process intensity，包含信息的处理和收集）的影响因素分为以下 5 类：选择情境的特性（信息的可达性、选择任务的难度以及时间压力）；信息的成本与收益；冲突以及冲突的反应策略；个体差异（在店内还是到店之前处理、能力、对最佳选择的关注）；知识[1]。

Duncan 和 Olshavsky 综合了诸多研究，认为影响消费者信息搜寻行为的因素大致可以归为 2 类：情境因素和消费者因素。情境因素包括信息可得性（information availability）以及现有候选产品的数量；消费者因素则包括感知收益（perceived benefits）、对候选产品的感知差异（perceived differences in alternatives）、感知风险（perceived risk）、知识、经验、时间、经济压力、个体方面的变量（包括对购物的态度）、智力、社会阶层、教育、收入、职业、年龄以及在生命周期中所处的阶段[2]。

Punj 和 Staelin 提出了一个关于新汽车购买的信息搜寻模型，该模型基于成本 - 收益的研究取向，所考虑的自变量包括可用的既有知识（usable prior knowledge）、既有记忆结构（prior memory structure）、搜寻的渴望程度（desire to seek information）、搜寻成本、可行产品集合的大小（size of feasible set）、搜寻效率（effectiveness of search）、成本节约（cost savings）等[3]。该研究在总体上证实，搜寻成本（包括内部成本和外部成本）与信息搜寻的数量之间存在显著的负相关，而信息搜寻活动的数量和成本的降低幅度之间存在正相关，这就为成本 - 收益的理论取向提供了实证支撑。Punj 和 Staelin 发现，消费者既有知识、对信息搜

[1] BETTMAN，JAMES R. An Information Processing Theory of Consumer Choice [M]. Addison-Wesley Educational Publishers Inc，1979.

[2] DUNCAN，C P，OLSHAVSKY，R W. External Search：The Role of Consumer Beliefs [J]. Journal of Marketing Research，1982，19（1）：32-43.

[3] PUNJ G N，STAELIN R. A Model of Consumer Information Search Behavior for New Automobiles [J]. Journal of Consumer Research，1983，9（4）：366-380.

寻的渴望程度、可行产品集合的大小、搜寻成本是对信息搜寻活动影响最大的几个因素。

Beatty 和 Smith 结合前人的研究成果，提出了 7 类影响因素：市场环境、情境变量、潜在收益、知识和体验、个体差异、冲突和冲突解决策略以及搜寻成本[1]。Moorthy 等人认为，信息搜寻的决定因素可以分成 2 类：(1) 相对的品牌不确定性，个体的品牌不确定性和卷入度；(2) 单位搜寻成本[2]。Moorthy 等人发现，相对的和个体的品牌不确定性以及搜寻成本、消费者所考虑的产品属性的种类、所考虑的品牌数量以及信息搜寻的程度都会随着产品体验而变动。

Ratchford 和 Srinivasan 所提出的影响因素包括销售商特性和消费者特性 2 个类别，前者包括目录价格（list price）、制造商折扣、销售商的数量以及特定产品型号的存货量，后者包括消费者的教育程度、产品知识、产品体验以及对制造商或销售商的积极体验[3]。薛强等人研究发现，影响消费者的购前信息搜寻的主要因素包括备选方案的可选程度、消费者的卷入意愿、消费者对产品知识的了解和消费者为购前信息所付出的成本[4]。

Guo 认为，消费者的信息搜寻努力并不是一个线性的上升或下降形态，虽然更多的信息会带来某些好处，但一旦达到特定程度后，过多的信息也会使消费者产生困惑并可能导致其做出不明智的消费决策[5]。

---

[1] BEATTY，SHARON E，SCOTT M SMITH. External Search Effort：An Investigation across Several Product Categories [J]. Journal of Consumer Research，1987，14（6）：83–95.

[2] MOORTHY S，TALUKDAR R D. Consumer Information Search Revisited：Theory and Empirical Analysis [J]. Journal of Consumer Research，1997，23（4）：263–277.

[3] SRINIVASAN R N. An Empirical Investigation of Returns to Search [J]. Marketing Science，1993，12（1）：73–87.

[4] 薛强，朱远，李颖 . 影响消费者购前信息搜寻因素的主成分分析 [J]. 大连海事大学学报（社会科学版），2003（02）：45–48.

[5] GUO C. A Review on Consumer External Search：Amount and Determinants [J]. Journal of Business and Psychology，2001，15（3）：505–519.

所以当信息过载发生时，消费者会停止信息搜寻[1]。Guo 提出，唤起集合的大小、候选产品的复杂性、感知产品差异、信息可得性以及搜寻的努力程度等一系列市场环境变量会与信息搜寻努力之间产生倒 U 型关系。此外，年龄、收入、教育等变量与搜寻程度之间也可能存在倒 U 型关系。

由于既往文献中探讨过的信息搜寻的影响因素过多，逐一讨论起来太过繁杂，所以本研究在 Moore 和 Lehmann 的分类的基础之上[2]，再整合 Beatty 和 Smith[3] 以及 Guo 等人的研究结论，对既往的实证研究结果进行了归纳，具体见表 2-2。

表 2-2 信息搜寻努力的影响因素：实证结论[4]

变量	影响关系	产品类别	具体研究
Ⅰ.市场环境			
候选产品的数量	+	服装、家具	Cox & Rich，1964
候选产品间差异的复杂性	+	家电、轿车	Claxton et al，1974
产品间的感知差异	+	一系列产品	Schaninger & Sciglimpaglia，1981
	+	电视机	Duncan & Olshavsky，1982
诱发集合的大小	+	轿车、家电	Newman & Staelin，1972
	+	轿车	Srinivasan & Ratchford，1991

[1] MALHOTRA，NARESH K. Information Load and Consumer Decision Making [J]. Journal of Consumer Research，1982，8（4）：419-430.

[2] MOORE W L，LEHMANN D R. Individual Differences in Search Behavior for a Nondurable [J]. Journal of Consumer Research，1980，7（3）：296-307.

[3] BEATTY，SHARON E SCOTT M SMITH. External Search Effort：An Investigation Across Several Product Categories [J]. Journal of Consumer Research，1987，14（6）：83-95.

[4] 该表是对 Moore and Lehmann（1980）、Beatty and Smith（1987）以及 Guo（2001）的分类方式的归纳和补充。由于相关研究数量太多，表中所列变量并不一定全面。有些变量在表格右方并无相关研究匹配，是因为它们与信息搜寻的关系还未被研究，即使在理论上已经有相关假设的提出。

（续表）

变量	影响关系	产品类别	具体研究
可行产品集合的大小	+	轿车	Punj & Staelin，1983
候选产品的营销组合			
候选产品在市场的稳定性			
信息可得性	+	食品杂货	Russo，1977
信息可达性	+	食品杂货	Russo，1977
商店分销（距离）	—	服装	Cort & Dominquez，1977
居住城市的大小	+	轿车	Newman & Staelin，1972
	0	家电	Newman & Staelin，1972
对零售业务的感知差异	+	电视机	Duncan & Olshavsky，1982
Ⅱ. 情境变量			
时间压力	+	面包	Moore & Lehmann，1980
	—	家电、家具	Kanota & Mueller，1955
	—	家电	Claxton et al，1974
	—	轿车、家电	Newman & Staelin，1972
○时间的充裕性	+	一系列产品	Beatty & Smith，1987
社会压力	0	家电	Kanota & Mueller，1955
经济压力	0	面包	Moore & Lehmann，1980
	0	轿车、家电	Newman & Staelin，1972
	+	家具、家电	Claxton et al，1974
组织程序			
身体和精神条件			
接触信息来源的容易性			
特殊的购买机会	—/+	家电	Kanota & Mueller，1955
讨价还价的机会	—	微电脑	Brucks & Schurr，1990

（续表）

变量	影响关系	产品类别	具体研究
商店忠诚 / 偏好	—	非食品项目	Bucklin，1966
Ⅲ . 潜在收益			
价格	+	非食品项目	Bucklin，1966
	+	服装	Dommermuth，1965
	+	服装	Dommermuth & Cundiff，1967
	+	家电	Kanota & Mueller，1955
	+	轿车	Kiel & Layton，1981
	+	家电	Newman & Staelin，1972
	0	轿车	Newman & Staelin，1972
	+	小家电	Udell，1966
对获取更低价格的期望	+	轿车	Kiel & Layton，1981
社会可见性			
○ 式样和外观的重要性	+	家具、家电	Claxton et al，1974
	+	服装	Cox & Rich，1964
	+	服装	Dommermuth & Cundiff，1967
	+	家具	LeGr & Udell，1964
	+	轿车	Kiel & Layton，1981
感知风险			
	+	服装、家具	Cox & Rich，1964
	+	家庭用品	Cunningham，1964；1966；1967
	+	一系列产品	Perry & Hamm，1969
	+	面包	Moore & Lehmann，1980
候选产品间的差异			
对价格差异程度的感知	+	非食品项目	Bucklin，1969
	+	家具、家电	Claxton et al，1974
重要属性的数量			
○ 属性重要性	+	唱片	Holbrook & Maier，1978
	+	面包	Lehmann & Moore，1980

（续表）

变量	影响关系	产品类别	具体研究
决策制定活动的地位			
产品类别的重要性	+	非耐用品	Jacoby et al，1978
必须的承诺时间	+	家电	Kanota & Mueller，1955
Ⅳ. 知识和体验			
记忆中的知识			
○ 高感知知识	+	轿车	Kiel & Layton，1981
○ 既有记忆结构	0	轿车	Punj & Staelin，1983
○ 产品类别知识	—	一系列产品	Beatty & Smith，1987
客观知识	+	缝纫机	Brucks，1985
主观知识	+	轿车	Srinivasan & Ratchford，1991
	0	缝纫机	Brucks，1985
产品的使用率 / 既有选择			
○ 购买同类产品的时间	—	家电、轿车	Newman & Staelin，1972
○ 之前对同类产品的使用	—	家具、家电	Claxton et al，1974
○ 可用的既有知识	—	轿车	Punj & Staelin，1983
之前的信息和体验			
○ 广度和深度	—	汽车	Hughes et al，1969
	—	面包	Moore & Lehmann，1980
○ 体验	0	轿车	Bennett & Mandell，1969
	倒 U	微波炉	Bettman & Park，1980
	倒 U	轿车	Johnson & Russo，1984
	—	轿车	Srinivansan & Ratchford，1991
○ 既有体验	—	轿车	Kiel & Layton，1981
○ 积极体验	—	非耐用品	Jacoby et al，1978
	—	家电	Kanota & Mueller，1955
	—	轿车、家电	Bennett & Mandell，1969
	—	轿车	Bennett & Mandell，1969

（续表）

变量	影响关系	产品类别	具体研究
对既有结果的满足	—	轿车	Bennett & Mandell，1969
	—	轿车、家电	Newman & Staelin，1971
	—	轿车	Kiel & Layton，1981
	—	轿车	Punj & Staelin，1983
品牌忠诚	—	非耐用品	Jacoby et al，1978
产品熟悉度	—	非耐用品	Russo & Leclerc，1994
	倒U	轿车	Johnson & Russo，1984
不一致性	倒U	汽车	Ozanne et al，1992
V. 个体差异			
能力	+	电视机	Duncan & Olshavsky，1982
	—	轿车、家电	Newman & Staelin，1971
最佳刺激水平	0	汽车	Stteenkamp & Baumgartner，1992
解决问题的方式			
○对他人的依赖	0	轿车、家电	Newman & Staelin，1972
○对模糊状况的忍耐	+	一系列产品	Schaninger & Sciglimpaglia，1981
搜寻方式			
○搜寻的愉快度	+	家电	Kanota & Mueller，1955
○对搜寻的积极态度	+	轿车	Kiel & Layton，1981
	+	轿车	Punj & Staelin，1983
	+	一系列产品	Beatty & Smith，1987
○感知的搜寻利益	+	电视机	Duncan & Olshavsky，1982
	+	轿车	Srinivasan & Ratchford，1991
认知需求	+	食品杂货	Inman et al，1990
调整决策的需求	+	面包	Moore & Lehmann，1980
	+	组织购买者	Doney & Armstrong，1996
卷入度			
○自我卷入度	0	一系列产品	Beatty & Smith，1987
○购买卷入度	+	一系列产品	Beatty & Smith，1987

（续表）

变量	影响关系	产品类别	具体研究
人口统计变量			
○教育程度	+	家具、电器	Claxton et al，1974
	+	住宅	Hempel，1969
	+	家电	Kanota & Mueller，1955
	—	运动衫、衬衫	Kanota & Mueller，1955
	+	轿车、家电	Newman & Staelin，1971；1972
	+	食品类产品	Pearce，1976
	+	一系列产品	Schaninger & Sciglimpaglia，1981
	—	住宅	Hemper，1969
○收入	+	家具、家电	Claxton et al，1974
	—		Ferber，1955
○收入	—	小家电	Udell，1966
○年龄	—	住宅	Hemper，1969
	—	小家电	Udell，1966
	—	轿车	Kiel & Layton，1981
	—	家电	Kanota & Mueller，1955
	+	儿童玩具	Gregan-Paxton & RoedderJohn，1995
	—	麦片	Cole & Balasubramanian，1993
人格（自信）	+	轿车	Kiel & Layton，1981
感知角色（家庭角色）	+	非食品项目	Bucklin，1969
对购物的态度	+	一系列产品	Beatty & Smith，1987
Ⅵ．冲突和冲突解决策略			
Ⅶ．搜寻成本（心理成本）	—	轿车	Punj & Staelin，1983
	—	非食品项目	Bucklin，1966

注：影响因素与信息搜寻努力之间的关系分为正相关（＋）、负相关（—）和没有相关（0）。

第三节 消费者网络信息搜寻

Hammond 等人指出，网络是信息搜寻的一个有力工具。随着网络在消费者信息搜寻中的重要性日益凸显，一些研究者也逐渐开始将网络信息搜寻纳入了自身的研究范畴[1]。Biswas 就明确提出，网络环境中的信息获取及管理大大有别于传统环境，所以从传统的媒介传播环境中总结出的有关信息搜寻行为的理论可能需要加以调整以适应新的网络环境[2]。

Ratchford 等人指出，因为网络可以提供有关产品的所有信息，因此可以将网络信息和现实生活中的信息相对应[3]。网络所能提供的信息量极为巨大，能为每个消费者提供标准化的信息，而不会因为销售人员的素质不一影响到信息的正确性[4]。Ratchford 等人证实消费者在网上会搜寻更多的信息[5]。Klein 和 Ford 证实，消费者的网络使用和其在网络信息搜寻上花费的时间存在正相关；消费者的网络体验越多，网络在其信息搜寻中的地位就越重要，也就是说网络可以发挥替代传统信息来源的作用[6]。Bei 等人总结道，由于网络上存在着大量的信息来源，拥有网络接入的消费者能够更为精确地做出购买决策[7]。

[1] HAMMOND, K, MCWILLIAM et al. Fun and Work on the Web : Differences in Attitudes between Novices and Experienced Users [J]. in Advances in Consumer Research.1998, 25 : 372–378.

[2] BISWAS, DIPAYAN. Economics of information in the Web economy: Towards a new theory ? [J]. Journal of Business Research, 2004, 57 (7): 724–733.

[3] RATCHFORD B T, LEE T M S. Marketing in the E–Channel : A Model of Consumer Choice of the Internet as an Information Source [J]. International Journal of Electronic Commerce, 2001, 5 (3): 7–21.

[4] ALBA, J, H MARMORSTEIN. The Effects of Frequency Knowledge on Consumer Decision Making [J]. Journal of Consumer Research, 1987, 14 : 14–25.

[5] RATCHFORD B T, TALUKDAR L D. The Impact of the Internet on Information Search for Automobiles [J]. Journal of Marketing Research, 2003, 40 (2): 193–209.

[6] KLEIN L R, FORD G T. Consumer search for information in the digital age : An empirical study of prepurchase search for automobiles [J]. Journal of Interactive Marketing, 2010, 17 (3): 21–49.

[7] BEI, LIEN–TI, et al. Consumers' Online Information Search Behavior and the Phenomenon of Search vs.Experience Products [J]. Journal of Family and Economic Issues, 2004, 25 (4): 449–467.

Zigmond 和 Stipp 的最新研究成果从侧面反映出了消费者的网络信息搜寻所可能给广告及营销业带来的巨大变革[1]。通过对 Google 搜索引擎所记录的美国消费者的搜索数据进行分析，Zigmood 和 Stipp 发现，很多消费者在接触到电视广告之后，就会运用网络对广告中的产品或服务进行信息搜寻。这一发现揭示出，当消费者同时运用网络和电视等传统媒体时，传统媒体中的广告将更多地起到撞针式的激发作用，而网络则将更多地担负起具体的产品或服务信息提供者的角色。也就是说，消费者在网络中所能接触到的信息在其消费决策过程中很可能会充当起临门一脚的角色。

但是对于线上与线下的信息搜寻之间究竟存在哪些差别这一问题，研究者还知之甚少，相关的研究也并不多见[2]。正如 Kulviwat 等人所指出的，网络本身并不生产新的信息，但它却能促进信息的交换。而且对于网络所能对信息搜寻产生的影响，网络技术的研究者们持有不同意见：一种认为网络技术将对信息搜寻起到促进作用；另一种意见则认为网络会因为信息过载而对信息搜寻起到阻碍作用[3]。网络中到处存在的产品评价也吸引了一些研究者的关注，由消费者作出的产品评价可以降低其他消费者购买行为中的不确定性，还可提高其搜寻效率[4]。而在线的产品评

[1] ZIGMOND，DAN，HORST STIPP. Assessing a New Advertising Effect：Measurement of the Impact of Television Commercials on Internet Search Queries [J]. Journal of Advertising Research，2010（06），162–168.

[2] SOHN Y S，JOUN H，CHANG D R. A Model of Consumer Information Search and Online Network Externalities [J]. Journal of Interactive Marketing，2002，16（4）：2–14.

[3] KULVIWAT S，GUO C，ENGCHANIL N. Determinants of Online Information Search：a critical review and assessment [J]. Internet Research，2004，14（3）：245–253.

[4] HENNIG–THURAU T，WALSH G. Electronic Word–of–Mouth：Motives for and Consequences of Reading Customer Articulations on the Internet [J]. International Journal of Electronic Commerce，2003，8（2）：51–74.

论则是一种电子化的口碑平台[1]，可以促进消费者之间的社会互动[2]。

Klein 和 Ford 指出，消费者对互联网的使用有 3 个来源维度：生产商或经销商来源（商业来源）、消费者服务机构或其他第三方来源（中性信息来源）、BBS 或聊天室来源（个人来源）[3]。

Rha 将网络信息来源分为 6 类：其他消费者在网上关于该产品的描述或评论的信息、其他消费者在网上对该商品的评级信息、与其他消费者在网络上讨论该商品的信息，网络广告、零售商或生产商门户网站上关于该商品的描述信息，网络上关于该商品的报道信息[4]。Ratchford 等人认为信息来源可以分为 3 类：（1）生产商或经销商来源；（2）消费服务机构和其他第三方；（3）网络论坛或聊天室[5]。

在前人的基础上，孙曙迎和徐青将网络信息来源分为 7 类，分别为：厂商的门户网站信息、网络商店信息、网络广告信息、网络上其他消费者对产品的描述或评价信息（如论坛、新闻组、个人网站、个人博客等）、网络上其他消费者的评级信息、消费者通过网络（如 Email、QQ、MSN、聊天室等网络通讯工具）与其他消费者讨论而获取的信息、来自综合或专业网站上的相关产品新闻报道以及行业调查报告信息等[6]。

---

[1] CHEVALIER J A，MAYZLIN D. The Effect of Word of Mouth on Sales：Online Book Reviews [J]. Journal of Marketing Research，2006，43（3）：345–354.

[2] GODES，DAVID，DANA MAYZLIN，et al. The Firm's Management of Social Interactions [J]. Marketing Letters，2005，16（3/4）：415–428.

[3] KLEIN L R，FORD G T. Consumer search for information in the digital age：An empirical study of prepurchase search for automobiles [J]. Journal of Interactive Marketing，2010，17（3）：21–49.

[4] RHA，JONG-YOUN.（2002），Consumers in the Internet era：Essays on the Impact of Electronic Commerce From A Consumer Perspective in Rossiter，John R，Larry Percy. Advertising and Promotion Management [M]. New York：McGraw-Hill Book Company，1987.

[5] RATCHFORD，BRAN T，MYUNG-SOO LEE，AND DEBABRATA TALUKDAR. The Impact of the Internet on Information Search for Automobiles [J]. Journal of Marketing Research，2003，40（May），193–209.

[6] 孙曙迎，徐青 . 消费者网上信息搜寻努力影响因素的实证研究 [J]. 重庆大学学报（社会科学版），2007（02）：32–37.

与传统环境中的消费者搜寻一样，大部分网络信息搜寻研究重点关注的亦为信息搜寻程度的影响因素。孙曙迎和徐青将影响消费者网上信息搜寻努力的因素归纳为搜寻因素和网络方面因素这2类。前者反映了非网络环境下信息搜寻的常见影响因素，包括产品卷入、感知风险、产品知识、购买体验、时间压力和对传统信息源的使用等；而后者则包括消费者的网络使用频率、对网络搜寻能力和对网络搜寻收益的感知[1]。他们发现，在消费者的网络信息搜寻努力中，“网络上有关产品的新闻报道、行业调查等信息”是消费者用得最多的信息；消费者的网络使用时间和对网络信息搜寻能力的感知对信息搜寻能力有着积极影响；时间压力与消费者的网络信息搜寻努力没有统计上的显著关系；传统信息源的使用与消费者的网络信息搜寻努力呈负相关，说明网络信息对传统信息源起到了替代作用；感知风险和网络信息搜寻努力之间也呈负相关；购买次数和（主观）产品知识对消费者的网络信息搜寻能力有积极影响，这与人们对传统信息搜寻的研究结论相反。

网络的出现为消费者信息搜寻提供了极大的便利，使得传统环境中的某些制约消费者搜寻的藩篱消之无形。Nelson从信息搜寻的属性出发，将产品分为搜寻产品和体验产品，指出体验产品的产品属性难以被消费者在使用之前搜寻到，消费者只能通过对产品的亲身体验来获取质量信息[2]。但这一结论在网络环境中却并不适用，因为在传统环境中难以获取的体验信息在网上却可以通过消费者评论等方式方便呈现。正如Klein所指出的，在网络这一互动性媒体的影响下，体验产品具有

[1] 孙曙迎，徐青．消费者网上信息搜寻努力影响因素的实证研究[J]. 重庆大学学报（社会科学版），2007（02）：32-37.

[2] NELSON P J. Information and Consumer Behavior [J]. Journal of Political Economy, 1970, 78（2）：311-329.

了转换成搜寻产品的可能[1]。通过提供“虚拟体验”的方式，网络可以让消费者在购买之前就获取到某些原本难以获取的产品体验。比如网站通过提供曲目试听或者软件试用，就可以使得消费者不必首先购买就能在一定程度上体验到音乐专辑或者软件的质量。Bei 等人的研究验证了 Klein 的观点，同时还发现购买体验产品的消费者反而比购买搜寻产品的消费者更趋向于频繁地使用网络信息[2]。

Bhatnagar 和 Ghose 发现，消费者在特定阶段内花在网络搜寻上的时间越多，其最终购买决策受网络信息影响的程度就越高；消费者通过网络评价信息的次数越是频繁，其购买行为受网络信息的影响就越大[3]。在传统的线下信息搜寻情境中，随着消费者在事业方面的上升，其信息搜寻的时间成本会越来越高，而且随着年龄的增长，信息搜寻所需付出的身体方面的支出也更大。但是，这 2 个问题在网络环境下似乎就不再成为问题。Bhatnagar 和 Ghose 发现，年龄较大的消费者在网络环境中的信息搜寻时间要比年轻消费者长，教育水平较高的消费者在每次网络信息搜寻中所花费的时间也更长；在网络信息搜寻的频率方面，不同年龄和性别的消费者均无差别。

Kucuk 和 Krishnamurthy 以营销学中的 4P 理论（product、price、place、promotion）为框架，对消费者的网络信息搜寻进行了分析。在产品方面，消费者可以轻易获取产品的技术特性、使用体验以及专家报告等信息；价格方面，网络通过其近乎无成本的信息交换让产品价格变得透明，消费者可以在更多的价格信息之间进行轻易比较；渠道

[1] KLEIN L R. Evaluating the Potential of Interactive Media through a New Lens：Search versus Experience Goods [J]. Journal of Business Research，1998，41（3）：195–203.

[2] BEI，LIEN–TI，et al. Consumers’ Online Information Search Behavior and the Phenomenon of Search vs.Experience Products [J]. Journal of Family and Economic Issues，2004，25（4）：449–467.

[3] BHATNAGAR A，GHOSE S. Online information search termination patterns across product categories and consumer demographics [J]. Journal of Retailing，2004，80（3）：221–228.

方面，消费者通过网络可以方便地追查自己的订单情况，网络也使得舒适的家就可以成为购物现场；在促销方面，消费者更多的个性化要求将能得到更好的满足[1]。

令人惊讶的是，有些研究发现，在网络环境中消费者的信息搜寻努力亦不高，即便从理论上来说网络信息搜寻所需的成本微乎其微。比如 Klein 和 Ford 发现，相当部分的消费者报告其在网络上进行的信息搜寻较为有限，在搜寻信息的数量上呈现出较为普遍的趋同性，此外搜寻时间（小时数）的中间值亦较低[2]。Ratchford 等人甚至发现，如果不使用互联网的话，消费者会进行更多的搜寻活动。上述结果的出现，原因之一可能在于网络搜寻的效率大大高于线下搜寻，以至于旧的搜寻努力的衡量标准已经不再具有适用性[3]。Johnson 等人分析了来自于超过 10,000 家网络用户关于书、CD 和旅游服务的信息搜寻的面板数据，发现被调查对象平均每月只访问 1.2 个购书网站、1.3 个 CD 网站以及 1.8 个旅游网站，而且上述数据还是来自于 3 类产品各自的销售旺季[4]。对于这一出乎意料的结果，Johnson 等人认为，在实体成本（physical cost）之外，可能还存着其他影响消费者搜寻行为的因素，比如搜寻的认知成本（cognitive cost）等；而另一个原因可能是因为这些产品类别的市场效率已经达到了较高水平，换言之网络搜寻在信息获取方面的提升空间并不大。

当然，Johnson 等人的研究也有引人质疑之处，之所以研究中消费

[1] KUCUK S U, KRISHNAMURTHY S. An analysis of consumer power on the Internet [J]. Technovation, 2007, 27（1–2）: 47–56.

[2] KLEIN L R, FORD G T. Consumer Search for Information in the Digital Age : An Empirical Study of Pre–Purchase Search for Automobiles [J]. Journal of Interactive Marketing, 2010, 17（3）: 21–49.

[3] RATCHFORD B T. Cost–Benefit Models for Explaining Consumer Choice and Information Seeking Behavior [J]. Management Science, 1982, 28（2）: 197–212.

[4] JOHNSON E J, MOE W W, FADER P S, et al. On the Depth and Dynamics of Online Search Behavior [J]. Management Science, 2004, 50（3）: 299–308.

者搜寻的努力程度较低，很可能是因为该研究所挑选的书、CD 等产品均为非差异性产品（从不同网站购买的同种书是毫无差异的），消费者无需判别产品的不同来源，仅需对各个网站之间的价格进行比较，而之前对不同网站的价格水平的了解可能阻碍了更多搜寻的发生。此外，用访问网站的次数来衡量信息搜寻程度也是不全面的，忽略了每次搜寻所耗费的时间长度以及消费者的信息获取效率。

Kulviwat 等人为网络信息搜寻提供了一个整合的理论模型，分析了易用性、有用性、使用者满意度、感知风险、使用者经验、知识、教育、搜寻能力、购买策略、情境因素以及个人因素等多方面因素对网络搜寻的影响[1]。不过 Kulviwat 等人所提出的模型仅仅是从理论推导而出，并未加以实证检验。孙曙迎在 Kulviwat 等人研究的基础上，建构了中国消费者网上信息搜寻行为的整合模型，并对其进行了验证[2]。

虽然网络信息搜寻在逐渐吸引着越来越多研究者的目光，但总的来看，相比于针对传统的线下环境中消费者搜寻行为的研究，专门关于网络信息搜寻的研究在数量和质量上都有待进一步提升。此外，需要强调的是，消费者的网络信息搜寻活动并不一定总是会和网络购物相联系。很多情形下，消费者都可以通过网络获取相关信息，而在实体销售场合完成最终购买。基于这一现实情况，本研究并未像一些已有研究一样将研究范围限定于网络购物情境中的网络信息搜寻活动，而是扩展到了所有利用网络而实施的信息搜寻活动[3]。

需要指出的是，对消费者的网络信息搜寻行为的研究也可以从

[1] KULVIWAT S，GUO C，ENGCHANIL N. Determinants of online information search : a critical review and assessment [J]. Internet Research，2004，14（3）: 245-253.

[2] 孙曙迎 . 我国消费者网上信息搜寻行为研究 [D]. 浙江大学，2009.

[3] 在一些主要关注网络购买行为的文献中也会使用到有关信息搜寻的一些理论概念，但是这些概念往往是建立在“网络购买行为决策中的信息搜寻行为”的特定情景中，所以概念的指代范围可能会与本研究有所出入。

技术接受模型（technology acceptance model，TAM）中找到立论依据。TAM 模型由 Davis 提出，该理论认为，影响使用者接受某一技术的外部因素，主要通过感知有用性（perceived useful）以及感知易用性（perceived ease of use）这两个中介变量来发挥作用，从而对个体的最终意愿产生影响[1]。在技术接受模型中，态度会影响到行为意愿，而同时又会受到感知有用性和感知易用性的影响。

在 Davis 的技术接受模型中，感知有用性指的是个人通过使用特定信息系统而提高其工作效率的程度；感知易用性则指的是个人所感知到的不需要耗费任何努力就可使用某个特定系统的可能性。由于技术接受模型较为简洁，且针对性强，在很多消费行为学的研究中都得到了应用，其理论解释能力也得到了较高认可。而相对于造访商店等传统的消费者信息搜寻方式而言，对网络信息搜寻平台的使用于消费者而言也是对一个新信息系统的接受。具体来说，感知有用性与网络搜寻收益具有相近的内涵，而感知易用性又与网络搜寻能力具有密切联系。

第四节 消费者既有知识及其构成

知识是人类以符号的形式对外部世界信息进行编码加工的认知表征，这种经过编码的表征以某种组织形式或结构存储于人的记忆之中[2]。Engel 等人把知识定义为“在记忆中存储的信息”[3]。记忆中的知

[1] DAVIS F D. Perceived Usefulness, Perceived Ease of Use, and User Acceptance of Information Technology [J]. MIS Quarterly, 1989, 13 (3): 319-340.

[2] KANWAR, RAJESH, JENY C. Olson and Laura S.Sims.Toward Conceptualizing and Measuring Cognitive Structures [J]. in Advance in Consumer Research, 1981, 8 : 122-127.

[3] ENGEL, JAMES F, ROGER D, et al. Consumer Behavior [M]. Chicago : The Dryden Press, 1986.

识对消费者决策具有重要作用，这一点已经得到了很好的证明[1]，所以关于消费者既有知识的专题在很多消费者行为的著作中均占有一席之地。很多研究者都证实，影响信息加工活动的最重要变量之一是个人关于该议题相关知识的结构化程度[1，2]。消费者所具有的既有知识(prior knowledge)，是指消费者在进行信息搜寻之前就具备的有关产品和品牌的信息。在一些研究中，既有知识也被称为消费者知识（ consumer knowledge ）[3，4]。

很多研究者都指出，理解消费者的既有知识对探讨信息搜寻行为具有非常重要的作用[5–7]。正如 Alba 等人所指出的，因为消费者的需求不一，所以销售方就需要决定向消费者“供给”何种类型的信息，以及在搜寻过程中的哪个阶段向其进行“供给”；而可以回答上述问题的关键之一就是对于消费者既有知识的了解[9]。Xia 在回顾了大量文献后总结到，相当部分的研究都发现既有知识对信息搜寻程度具有显著影响[10]。Punj 和 Staelin 指出，既有知识对外部搜寻的影响要大于其他因素的影响，

[1] ALBA，J，LYNCH，et al. Interactive Home Shopping：Consumer，Retailer，and Manufacture Incentives to Participate in Electronic Marketplaces [J]. Journal of Marketing，1997，61（7）：38–53.

[2] BRITTON B K，TESSER A. Effects of Prior Knowledge on Use of Cognitive Capacity in Three Complex Cognitive Tasks [J]. Journal of Verbal Learning & Verbal Behavior，1982，21（4）：421–436.

[3] HIGGINS，et al. Social Cognition：The Ontario symposium（1）[J]. Hillsdale，NJ：Erlbaum，1981.

[4] ALBA，J，H MARMORSTEIN. The Effects of Frequency Knowledge on Consumer Decision Making [J]. Journal of Consumer Research，1987，14：14–25.

[5] PHILIPPE，AURIER AND PAUL–VALENTIN NGOBO. Assessment of Consumer Knowledge and its Consequences：A Multi–Component Approach [J]. in Advance in Consumer Research，1999，26：569–75.

[6] BRUCKS，MERRIE. The Effects of Product Class Knowledge on Information Search Behavior [J]. Journal of Consumer Research，1985，12（1）：1–16.

[7] JOHNSON E J，RUSSO J E. Product Familiarity and Learning New Information [J]. Journal of Consumer Research，1984，11（1）：542–550.

[8] RAO A R，SIEBEN W A. The Effect of Prior Knowledge on Price Acceptability and the Type of Information Examined [J]. Journal of Consumer Research，1992，19（2）：256–270.

[9] ALBA，J，LYNCH，et al. Interactive Home Shopping：Consumer，Retailer，and Manufacture Incentives to Participate in Electronic Marketplaces [J]. Journal of Marketing，1997，61（7）：38–53.

[10] XIA，LAN. A Multi–Method Investigation of Consumer Browsing Behaviors and Unintended Information Acquisition：Three Essays [D]. The University of Illinois at Urbana–Champaign.

它能解释搜寻行为中更大部分的差异[1]。有关消费者决策的文献也认为，不同类型的知识很可能导致不同的决策后果[2]，可以预期的是，不同类型的知识也会对消费者搜寻产生不同影响。

从表 2–2 可看到，在有关消费者既有知识与信息搜寻程度关系的问题上，研究者们得出的结论各不相同。有的研究得出了正相关的结论[2,3]。也有研究认为二者间的关系为负相关[4,5]，更有研究在二者之间发现了倒 U 型关系[6,7]。所以 Ratchford 等人指出，人们对于消费者的既有知识与信息搜寻之间关系的了解还是相对较少[9]。

为什么相关研究会得出彼此不同的结论？研究者们对既有知识以及搜寻程度的不同理论定义和操作定义可能是导致差异出现的重要原因。那些得出正向效应的研究所测量的既有知识往往是有关产品类别的知识，而那些得出负向效应的研究所关注的既有知识类型往往是某种购买体验。Raju 等人对之前研究中既有知识的测量方式进行了回顾，同样发现研究者们的测量对象和测量手段是较为混乱的，比如一些研

[1] PUNJ G N，STAELIN R. A Model of Consumer Information Search Behavior for New Automobiles [J]. Journal of Consumer Research，1983，9（4）：366–380.

[2] RAJU P S，MANGOLD S C L G. Differential Effects of Subjective Knowledge，Objective Knowledge，and Usage Experience on Decision Making：An Exploratory Investigation [J]. Journal of Consumer Psychology，1995，4（2）：153–180.

[3] LAYTON K R A. Dimensions of Consumer Information Seeking Behavior [J]. Journal of Marketing Research，1981，18（2）：233–239.

[4] SRINIVASAN N，RATCHFORD B T. An Empirical Test of a Model of External Search for Automobiles [J]. Journal of Consumer Research，1991，18（2）：233–242.

[5] CLAXTON J D，FRY J N，PORTIS B. A Taxonomy of Pre–Purchase Information Gathering Patterns [J]. Journal of Consumer Research，1974，1（3）：35–42.

[6] PUNJ G N，STAELIN R. A Model of Consumer Information Search Behavior for New Automobiles [J]. Journal of Consumer Research，1983，9（4）：366–380.

[7] PARK J R B W. Effects of Prior Knowledge and Experience and Phase of the Choice Process on Consumer Decision Processes：A Protocol Analysis [J]. Journal of Consumer Research，1980，7（3）：234–248.

[8] JOHNSON E J，RUSSO J E. Product Familiarity and Learning New Information [J]. Journal of Consumer Research，1984，11（1）：542–550.

[9] RATCHFORD B T. Cost–Benefit Models for Explaining Consumer Choice and Information Seeking Behavior [J]. Management Science，1982，28（2）：197–212.

究在名义上同样测量的是既有知识，而实际上有的测量的是熟悉度，有的测量的则是客观知识[1]。也就是说，不同的研究虽然在名义上探讨的都是既有知识问题，但其实各自所指代的目标对象不同，这种现象的存在在一定程度上妨碍了人们对既有知识在信息搜寻中所起功能和作用的深入认识。

在既有知识的结构维度这一问题上，研究者们显然没有得出一致的认识[2]。一些研究者认为既有知识是一个单维度的结构，可以通过熟悉度[3,4]、产品体验[5]或专业知识[6]来测量。但是持不同观点的学者也大有人在，Alba 和 Hutchinson 就认为既有知识是一个多维度结构，由熟悉度和专业知识构成，熟悉度在这里被定义为消费者所具有的产品相关体验，专业性是指消费者成功完成产品相关任务的能力[7]。Kerstetter 和 Cho 提出，消费者既有知识是一个多维结构，由熟悉度、产品体验和专业知识三者共同构成[8]。Philippe 和 Ngobo 也指出，既有知识其实是由多种类型的知识构成（如主观知识和客观知识，品牌知识和产品类别知识），所以它应该是一个多维度的构念，对消费者既有知识的定义

[1] RAJU P S，MANGOLD S C L G. Differential Effects of Subjective Knowledge，Objective Knowledge，and Usage Experience on Decision Making：An Exploratory Investigation [J]. Journal of Consumer Psychology，1995，4（2）：153–180.

[2] KERSTETTER D，CHO M H. Prior Knowledge，Credibility and Information Search [J]. Annals of Tourism Research，2004，31（4）：961–985.

[3] JOHNSON E J，RUSSO J E. Product Familiarity and Learning New Information [J]. Journal of Consumer Research，1984，11（1）：542–550.

[4] RAO A R，MONROE K B. The Moderating Effect of Prior Knowledge on Cue Utilization in Product Evaluations [J]. Journal of Consumer Research，1988，15（2）：253–264.

[5] PUNJ G N，STAELIN R. A Model of Consumer Information Search Behavior for New Automobiles [J]. Journal of Consumer Research，1983，9（4）：366–380.

[6] DACIN M P A. The Assessment of Alternative Measures of Consumer Expertise [J]. Journal of Consumer Research，1996，23（3）：219–239.

[7] ALBA，J，H. Marmorstein.The Effects of Frequency Knowledge on Consumer Decision Making [J]. Journal of Consumer Research，1987，14：14–25.

[8] KERSTETTER D，CHO M H. Prior Knowledge，Credibility and Information Search [J]. Annals of Tourism Research，2004，31（4）：961–985.

和测量应该是多维度的[1]。Park 等人的研究较早将品牌维度的知识独立了出来，认为可以从品牌维度、属性维度和技术维度 3 个方面来把握既有知识[2]。

从以上综述可以看出，虽然研究者们均强调了消费者既有知识在信息搜寻中的重要作用，但不同的研究者对相关概念的界定和把握却并不完全一致。正如 Philippe 和 Ngobo 指出的，不同类别的知识对于认知任务的影响方式是不同的。基于此种缺憾，本研究希望对影响消费者搜寻的既有知识的结构予以厘清，并在此基础之上探寻不同类型的既有知识在消费者信息搜寻过程中所发挥的影响和作用。

因为在既有文献中，消费者既有知识、品牌知识、产品知识等概念之间存在着很大程度的重合和混淆，所以本研究将分别对这些概念加以重新界定。根据指向对象的不同，本研究认为可以将既有知识分为品牌知识与产品知识两大类别。Brucks[3] 的研究表明，品牌信息和产品的属性信息是消费者对产品了解的最重要部分。而本书中所言的产品知识，指的是消费者对特定产品类别的了解，等同于某些研究者所提及的产品类别知识。作为一种“术语、标记、符号或设计及其组合”，品牌从本质上而言是一种附加于实体产品之上的象征性所在，它虽然与产品有关,但又必须与作为实体的产品区隔开来。这里所谓的品牌知识，主要指消费者对特定品牌的品牌名称及其品牌形象等的感知，而并不包括与产品属性相关的知识。

[1] PHILIPPE，AURIER AND PAUL-VALENTIN NGOBO. Assessment of Consumer Knowledge and its Consequences：A Multi-Component Approach [J]. Advance in Consumer Research，1999，26：569-75.

[2] PARK，C WHAN，FEICK，L AND MOTHERSBAUGH，D L. Consumer Knowledge Assessment：How Product Experience and Knowledge of Brands，Attributes，and Features Affects What We Think We Know [J]. Advances in Consumer Research，1992，19：193-198.

[3] BRUCKS，MERRIE. A Typology of Consumer Knowledge Content [J]. Advances in Consumer Research，1986，13：58-63.

一、品牌知识

在品牌消费尚未普及之前，很多学者将品牌知识的研究附着在产品知识的研究之下，将品牌视为产品的附属物。随着“体验经济”和“感性消费”的出现，品牌在消费者决策中的地位得以显现，学者们对品牌知识的研究也摆脱了从属于产品研究的局限[1]。但是在实际运用中，品牌知识和产品知识这 2 个概念之间还是会经常出现重复或混淆。比如蒋廉雄一方面赞同品牌知识是关于品牌的消费者既有知识，另一方面也同意既有知识的内容是指消费者记忆中储存的产品信息[2]。而有的研究即便是不断在强调二者之间的差异，品牌知识还是难免与产品知识之间若即若离,缺乏明显的区隔界限。所以在有关信息搜寻的研究中，品牌知识往往只是被研究者们当成产品知识的一个部分来看待就不足为奇了。事实上，品牌相关的信息同样在消费者信息搜寻中发挥着很大作用，比如 Hoyer 和 MacInnis 就指出，消费者进行信息搜寻时既可能以产品属性为线索，亦可能以品牌为线索。消费者如果不将品牌知识与产品知识之间的界限划分清楚，品牌知识在信息搜寻中的作用机制可能就无法为人所全面了解[3]。Harriott 也指出，市场上的信息主要通过 2 种渠道流入：信息性广告（informative advertising）以及消费者搜寻[4]。在其研究中，Harriott 也将消费者搜寻分为产品搜寻以及品牌搜寻 2 个方面。

虽然有一些关于消费者搜寻的研究涉及到了品牌知识，但从绝对

[1] 于伟 . 消费者品牌知识形成及后向影响机制研究 [D]. 山东大学，2008.

[2] 蒋廉雄 . 从单向视角到整体视角：品牌知识研究回顾与展望 [J]. 外国经济与管理，2008（06）：42–50.

[3] HOYER，WAYNE D，DEBORAH J. Maclnnis. Consumer Behavior 4th [M]. Houghton Mifflin，2007.

[4] HARRIOTT KEVIN KENTON. Advertising and Consumer Search in Differentiated Markets [D]. The Texas A&M University，2005.

数量上来看，专门针对品牌知识与信息搜寻间关系的研究还非常有限。Jacoby 等人的研究表明，当品牌名字出现时，消费者的信息搜寻程度将会降低[1]。Jacoby 等人判断背后的原因可能是因为品牌名字充当了一种信息组块（chunk）的角色。品牌知识会有效降低消费者对额外信息的需求，所以在一般情况下会降低搜寻努力。Moorthy 等人也指出，消费者所具有的关于特定品牌的知识倾向于降低其对额外信息的需要[2]。对在其他情况不变的情形下，对品牌属性的更多了解则会阻碍信息搜寻[3]。类似研究往往还不够细化，只是将品牌知识视为一个总体来看待，其理论前提为不同维度的品牌知识对信息搜寻的作用是相同的，但是这一前提是否站得住脚还尚存疑问。所以有必要对品牌知识与信息搜寻之间的关系进行更为细化的分析。

品牌的英文对应单词为“Brand”，其来源于古挪威语的“Brandr”一词，原意为“打上烙印”，即作为识别符号而存在[4]。Farquhar 将品牌定义为“用来增强产品在其功能价值之外附加价值的名字、符号、设计或图标”[5]。美国市场营销协会（AMA）则将品牌定义为“用以识别某人或某群销售者的产品或劳务，并使之同竞争对手的产品和劳务相区别的名称、术语、标记、符号或设计及其组合”[6]。而品牌知识，简单地说就是消费者记忆中有关品牌的信息。在消费者考虑品牌时，如对品牌的营销活动做出反应时，品牌知识的内容和结构会影响其思

[1] JACOBY, et al. Prepurchase Information Processing Theory of Consumer Choice. in Hoyer, Wayne D, and Deborah J. Maclnnis, Consumer Behavior 4th [M]. New Jersey : Addision-Wesley, 2007.

[2] MOORTHY S, TALUKDAR R D. Consumer Information Search Revisited : Theory and Empirical Analysis [J]. Journal of Consumer Research, 1997, 23 (4): 263-277.

[3] URBANY J E, DICKSON P R, WILKIE W L. Buyer Uncertainty and Information Search [J]. Journal of Consumer Research, 1989, 16 (2): 208-215.

[4] 刘华军 . 品牌的经济分析 [D]. 山东大学，2008.

[5] FARQUHAR, PETER H. Managing Brand Equity [J]. Marketing Research.1989 : 24-33.

[6] 黄合水 . 品牌学概论 [M]. 高等教育出版社，2009.

维[1]。Keller同样指出，品牌知识对于企业的营销战略具有重要意义，企业通过各种营销活动在消费者心中创造的有关品牌的知识，是提高营销产出的最有价值的资产[2]。

认知心理学的关联网络记忆模型（associative network memory model）认为，语义记忆或知识是由一系列节点和链环组成的。存储信息的节点通过不同强度的链环连接起来，从节点到节点的“扩散激活”过程决定着记忆提取的容易程度。也就是说，那些与被激活的节点相关联、链环强度最大的信息或概念将受到最多激活，最容易被回忆起来。基于这一原理，Keller将品牌知识概括为消费者记忆中的存在各种联想的品牌节点。Keller认为，品牌知识由品牌意识和品牌形象2部分构成，品牌意识与记忆中品牌节点或品牌痕迹的强度有关，它反映的是消费者在不同情况下识别该品牌的能力；而品牌形象是顾客关于品牌的认识，它反映为消费者记忆中关于该品牌的联想。在后续研究中，Keller进一步明确了品牌知识的定义：储存于消费者记忆中的与品牌有关的个人化的信息，这种信息既可以是描述性的，也可以是评价性的[3]。

Keller认为品牌知识有多个维度，这些维度包含品牌意识、品牌属性、品牌态度、品牌利益、品牌形象等。但是这一品牌知识模型并未得到实证研究结果的验证。Li发现，该品牌知识模型的若干个变量之间存在着较高的多重共线性，模型的拟合度并不佳[4]。Keller品牌知识模型的另一个缺点在于其构成成分太过于细化，特别是在联想类型上更

[1] KELLER，LANE K. Understanding Brands，Branding and Brand Equity [J]. Journal of Direct，Data and Digital Marketing Practice，2003，5（1）：7-20.

[2] KELLER K L. Conceptualizing，Measuring，and Managing Customer-Based Brand Equity [J]. Journal of Marketing，1993，57（1）：1-22.

[3] KELLER，LANE K. Understanding Brands，Branding and Brand Equity [J]. Journal of Direct，Data and Digital Marketing Practice，2003，5（1）：7-20.

[4] LI，XUE. How Brand Knowledge Influnences Consumers' Purchase Intentions [D]. The Auburn University，2004

是如此，所以较难在此基础上构建量表[1]。

Keller从品牌知识的观点来看待品牌资产，将品牌知识看作品牌资产的重要来源，即将品牌资产看成品牌知识的作用结果。但是后来的研究者们普遍将品牌资产界定为消费者关于品牌的知识，并经常通过观察品牌知识对于消费者品牌行为的影响来测量这个变量（Hoeffler和Keller，2002）。也就是说，品牌知识在概念上逐渐与品牌资产趋同化了。比如黄合水与彭聃龄指出，品牌资产就是消费者关于品牌的知识，是有关品牌的所有营销活动给消费者造成的心理事实[2]。刘国华在介绍Keller的品牌知识的构成图时，更是直接将品牌知识和品牌资产这2个概念进行了替换[3]。王海忠（2006）曾经运用焦点小组访谈的方式来理解品牌知识的内涵，发现消费者趋向于从产品品质、公司实力、品牌来源地、社会身份以及广告宣传力度等方面来认识品牌，而这些品牌评价线索都可以被分别归入到品牌资产中的品牌联想和主观质量等维度之中。

本研究在对品牌知识进行测量时，采用了为学界广为接受的Yoo等人所发展的MBE（multidimensional brand equity，多维品牌资产）测量指标[4]。Yoo和Donthu对Aaker所提出的品牌资产模型的5个维度进行了测试，最终证实从品牌忠诚、主观质量以及意识或联想这3个维度可以较好地理解品牌资产，并由此开发出了信度和效度均令人满意的MBE量表[5]。需要提到的是，Washburn和Plank（2002）对MBE量表的可靠性进行了检验，他们的结果支持了Yoo和Donthu所提出的因子

[1] 黄合水．品牌学概论[M]．高等教育出版社，2009.

[2] 黄合水，彭聃龄．论品牌资产——一种认知的观点[J]．心理科学进展，2002（03）：350-359.

[3] 刘国华．基于顾客视角的销售促进对品牌资产的影响研究[D]．复旦大学，2008.

[4] YOO，BOONGHEE，NAVEEN DONTHU，AND SUNGHO LEE. An examination of selected marketing mix elements and brand equity [J]. Journal of the Academy of Marketing Science，2000，28(2)：195-211.

[5] YOO，BOONGHEE，NAVEEN DONTHU. Developing and validating a multidimensional consumer-based brand equity scale [J]. Journal of Business Research，2001，52（1）：1-14.

结构，但指出未经剔除的3个维度15个问项的量表较之于10个问项版的量表具有更高的拟合度。所以本研究，最终采用的是Yoo等人所提出的原始的未经剔除的15个问项的量表[1]。

需要指出的是，Washburn和Plank（2002）对MBE量表也提出过批评，他们指出品牌意识与品牌联想在理论上是具有明显区别的，MBE量表在此方面有进一步改善的余地。诚然，在很多有关品牌资产的理论模型中，品牌意识与品牌联想之间都具有明显区别。但是，品牌意识与品牌联想之间是互为影响的[2]。品牌意识是品牌联想的基础，品牌联想反过来又能促进品牌意识的提升，二者在操作层面上确实较难区分。考虑到MBE量表的开发过程较为科学客观，亦得到了不少研究者的认可，所以本研究还是采用了MBE量表。此外，由于按照研究者的后期理论推演思路，品牌意识与品牌联想在消费者网络搜寻中的影响是趋同化的，所以该量表的这一缺陷并不会对最终的研究结果造成太大影响，还可在一定程度上保证理论模型的简约性（parsimony）。基于上述考虑，本研究将从品牌意识或品牌联想、品牌态度以及主观质量3个维度分析品牌知识对消费者网络搜寻的影响。

品牌意识指的是在消费者记忆系统中品牌名字与产品类别的双向联系强度，它是品牌知识形成的基础[3]。Shim和Gehrt将品牌意识定义为一种购物的导向，用以描述消费者被引导而购买知名品牌产品的程

[1] YOO，BOONGHEE，NAVEEN DONTHU，AND SUNGHO LEE. An examination of selected marketing mix elements and brand equity [J]. Journal of the Academy of Marketing Science，2000，28（2）：195-211.

[2] 黄合水．品牌学概论[M]. 高等教育出版社，2009.

[3] 也有研究者习惯于将Brand Awareness译成“品牌知名度”。但严格区分的话，品牌知名度是一个测量术语，指知道某品牌的消费者占所有消费者的比例；而品牌意识不仅泛指知名度，而且涵盖个别消费者对品牌的知晓程度。

度[1]。Aaker认为,品牌意识体现了品牌在消费者头脑中的强度[2]。还有学者认为，品牌意识与消费者记忆中的品牌节点以及品牌痕迹有关，反映的是消费者在不同情况下识别该品牌的能力[3]。换而言之，品牌意识就是品牌识别要素的功能发挥的具体表现。Keller亦指出，品牌意识是创造品牌形象的必要前提[4]。

分析各种关于品牌的定义，可以发现可识别性（identifiability）是品牌所具有的最关键特性。品牌意识就是可识别性的外在表现，通过某个品牌所具有的独具特性的名称、标识等，消费者可以更容易区分其旗下产品。基于此种特性，一个具有较高品牌意识的品牌，就更容易被消费者识别出来。

所谓品牌联想，就是指消费者记忆中任何与品牌相联系的东西[5]。比如说，当一提起耐克或一见到耐克的商标图案时，消费者往往就会联想到运动鞋、迈克尔·乔丹、篮球、跑步等，所有这些出现在消费者脑海中的元素都属于耐克的品牌联想。品牌联想的范围极为广阔，包括产品类别联想、公司联想、价格联想、产品属性联想等。Krishnan检验了6个产品类别（快餐、比萨、啤酒、运动鞋、电视机和洗发水）的品牌，发现强势品牌往往具有更多的品牌联想[6]。Williams认为，从品牌竞争的角度来看，如果一个品牌与某个产品类别之间存在强的联系，

[1] SHIM S，GEHRT K C. Hispanic and Native American Adolescents：An Exploratory Study of Their Approach to Shopping [J]. Journal of Retailing，1996，72（3）：307–324.

[2] AAKER，D A. Building Strong Brands [M]. New York，NY：The Free Press，1996.

[3] ROSSITER，JOHN R，LARRY PERCY. Advertising and Promotion Management [M]. New York：McGraw–Hill Book Company，1987.

[4] KELLER K L. Conceptualizing，Measuring and Managing Customer–Based Brand Equity [J]. Journal of Marketing，1993，57（1）：1–22.

[5] AAKER，D.A. Managing Brand Equity：Capitalizing on the Value of a Brand Name [M]. New York，NY：The Free Press，1991.

[6] KRISHNAN H S. Characteristics of Memory Associations：A Consumer–based Brand Equity Perspective [J]. International Journal of Research in Marketing，1996，13（4）：400–405.

就意味着该品牌在该产品类别中享受着实质性的成功，因为其能有效地将自己与竞争品牌分隔开来[1]。

主观质量，指的是消费者对一种产品或服务的整体质量或优势的认识[2]。主观质量是针对产品或服务意欲达到的目的及其竞争者而言的，它与产品的客观质量可能一致，也可能不一致[3]。Ambler证实，主观质量是影响消费者品牌选择的重要因素之一[4]。黄合水总结道，主观质量的作用可以体现在作为消费者的购买理由、为品牌塑造差异化或定位、提高品牌的附加值、引起中间商或零售商的兴趣等方面。

Copeland所提出的品牌持续论（brand insistence）的观点，可算是品牌忠诚研究的滥觞[5]。Jocoby和Ryner认为，品牌忠诚是消费者对于购买特定品牌产品的偏好[6]。黄合水认为品牌忠诚是对顾客依附于某个品牌的测量，反映了一个顾客从一个品牌转移到另一个品牌的可能性，特别是在产品价格或特征发生变化时。多数学者认同可将品牌忠诚分为2种类型：态度忠诚和品牌忠诚[7]。态度忠诚是指消费者在情感上对某品牌的依赖，而行为忠诚是指消费者因习惯等非情感原因而重复购买品牌。品牌忠诚可以为品牌所有者带来诸多好处，比如减少营销成本、促进销售、吸引新顾客、实现积极的口碑传播以及让顾客更强烈地抵

[1] AAKER，D A. Managing Brand Equity：Capitalizing on the Value of a Brand Name [M]. New York，NY：The Free Press，1991.

[2] AAKER，D A. Managing Brand Equity：Capitalizing on the Value of a Brand Name [M]. New York，NY：The Free Press，1991.

[3] 黄合水. 品牌学概论 [M]. 高等教育出版社，2009.

[4] AMBLER T. Do Brand Benefit Consumers [J]. International Journal of Advertising，1997，16（3）：167-198.

[5] COPELAND，MELVIN T. Relation of Consumers' Buying Habits to Marketing Methods [J]. Harvard Business Review，1923，1（4）：187-191.

[6] JACOBY，JACOBAND DAVID. B Ryner Brand Loyalty Vs Repeat Purchasing Behavior [J]. Journal of Marketing Research，1973，10（1）：1-9.

[7] 黄合水. 品牌学概论 [M]. 高等教育出版社，2009.

制竞争对手的策略等[1]。总体来看，品牌忠诚是消费者不因环境变化以及各种意在促成品牌转换的营销努力的影响，始终坚持对某一产品或服务的优先购买态度，从而导致对某一品牌的重复购买。影响品牌忠诚的因素也有很多，包括产品、时间、竞争对手、消费者等。

就品牌知识与网络搜寻之间的关系而言，品牌的信号理论提供了一个不错的理论切入点。品牌的信号理论是将品牌看成一种市场信号（brand signals）而探讨其在市场中所发挥的作用。这种观点的理论前提在于，市场上的信息结构是不完全（imperfect）以及非对称（asymmetric）的，买卖双方的信息地位并不均等，消费者作为信息弱势方无法获取关于产品的所需信息，而销售方就可以将品牌作为一种保证性的市场信号传达给消费者，让后者确信产品的可靠性[2]。虽然价格、售后服务等亦可充当市场信号，但正如 Jacoby 等人所言，品牌所涵盖和传递的信息更为完整和全面[3]。卫海英和祁湘涵总结道，品牌之所以有价值，就是因为它可以作为企业和消费者之间信息传递的一种可信媒介并因此区分不同品质的产品[4]。

虽然少有研究者对品牌所具有的信号作用进行总结提炼，但不少研究结果均与其有关：Klein 和 Lelffler 认为，品牌化是一个生产者对那些难以为第三方（如法庭）所保证的产品属性所做的承诺[5]。Rao 等人认为，当品牌传递虚假信息的行为将导致重大的经济损失（如在声誉

[1] AKER，D. A Managing Brand Equity：Capitalizing on the Value of a Brand Name [M]. New York，NY：The Free Press，1991.

[2] TULIN ERDEM，SWAIT J. Brand Equity as a Signaling Phenomenon [J]. Journal of Consumer Psychology，1998，7（2）：131–157.

[3] JACOBY J，SZYBILLO G J，BUSATO-SCHACH J，et al. Information Acquisition Behavior in Brand Choice Situations [J]. Journal of Consumer Research，1977，3（4）：209–216.

[4] 卫海英，祁湘涵.基于信息经济学视角的品牌资产生成研究 [J]. 中国工业经济，2005（10），113–120.

[5] KLEIN B，LEFFLER K B. The Role of Market Forces in Assuring Contractual Performance [J]. Journal of Political Economy，1981，89（4）：615–641.

及未来收益方面的损失）时，品牌名称就可以令人信服地传达那些难以直观评价的产品属性的品质信息[1]。Png 和 Reitman 指出，消费者将更愿意为那些难以检测或因太贵而难以试用的产品付出更多的品牌溢价，而且消费者越难觉察产品的不足，就越需要一个可以代表高质量的讯号[2]。那些基于 Nelson 的经济学理论框架之上而形成的经济学模型都显示出，一个成功的品牌名称可以成为代表产品具有较高质量的信号[3,4]。Klein 和 Leffler 认为，营销者之所以愿意在品牌方面不吝投入，是想通过这些投资来展示其对品牌的承诺。Erdem 和 Swait 亦指出，当品牌未能达成其对产品所作出的各项承诺时，企业之前为了保持品牌承诺力所作投资的回报就会遭受损害。正因为品牌化在某种程度上对消费者而言是一个让企业得到惩罚的"筹码"，所以品牌就往往会被消费者看成一种产品质量的保证[5]。

从作用机制上而言，高质量产品的提供者往往会通过广告大力宣传其品牌，期望通过消费者对该品牌产品的重复购买来收回广告成本。而低质量产品似乎无法采取同一策略，因为在达到一定的重复购买以收回广告成本之前，其低下的产品质量就已经会在消费者面前显露出来。出于经济收益方面的打算，劣质产品更可能摒弃花大价钱传播品牌的做法。正如 Ward 和 Lee 所指出的，通过建立一个知名品牌和投入大量广告的方式，高质量产品的提供者可以克服信息不对称的麻烦并

[1] RAO A R，QU L，RUEKERT R W. Signaling Unobservable Product Quality through a Brand Ally [J]. Journal of Marketing Research，1999，36（2）：258–268.

[2] PNG I P L，REITMAN D. Why Are Some Products Branded and Others Not? [J]. The Journal of Law and Economics，1995，38（1）：207–224.

[3] KIHLSTROM R E，RIORDAN M H. Advertising as a Signal [J]. Journal of Political Economy，1984，92（3）：427–450.

[4] MILGROM P，ROBERTS J. Price and Advertising Signals of Product Quality [J]. Journal of Political Economy，1986，94（4）：796–821.

[5] TULIN ERDEM，SWAIT J. Brand Equity as a Signaling Phenomenon [J]. Journal of Consumer Psychology，1998，7（2）：131–157.

使自身与低质量产品区分开来[1]。正是基于品牌信号理论，我们得以归纳出品牌知识各维度与网络搜寻收益等变量间的关系。

二、产品知识

产品知识即product knowledge，简单说就是消费者记忆中存在的关于产品的知识。有研究者也曾将其称为产品类别知识（product class knowledge）[2]。Dacin 和 Mitchell 认为产品知识由 3 个部分构成：与产品直接相关的具体知识（如品牌、性能、内部特性、式样和质量等）、与产品间接相关的知识（如个人经验和他人经验等）以及消费者情感（如评述性的陈述和个人想法等）[3]。Biswas 和 Sherrell 认为，产品知识包括产品类别的功能属性以及各属性之上的品牌差异[4]。Srinivasan 和 Ratchford 认为，产品知识是指“在信息搜寻发生之时，存在于消费者记忆中的与品牌或产品相关的知识”。这一定义将品牌知识作为产品知识的一部分来看待[5]。

研究者们区分出了 2 种类别的产品知识：一种为客观知识（objective knowledge），它指的是储存在消费者长时记忆中的关于产品类别的准确信息；另一种为主观知识（subjective knowledge），指的是消费者对自身关于产品类别了解的深度和广度的自我评估[6]。Brucks 整理相关文献后，

[1] WARD，MICHAEL R，MICHAEL J LEE. Internet Shopping，Consumer Search and Product Branding [J]. Journal of Product & Brand Management，2000，9（1）：6-20.

[2] BRUCKS，MERRIE. The Effects of Product Class Knowledge on Information Search Behavior [J]. Journal of Consumer Research，1985，12（1）：1-16.

[3] DACIN M P A. The Assessment of Alternative Measures of Consumer Expertise [J]. Journal of Consumer Research，1996，23（3）：219-239.

[4] BISWAS D. Economics of Information in the Web Economy：Towards a new theory? [J]. Journal of Business Research，2004，57（7）：724-733.

[5] SRINIVASAN N，RATCHFORD B T. An Empirical Test of a Model of External Search for Automobiles [J]. Journal of Consumer Research，1991，18（2）：233-242.

[6] PARK C W，MOTHERSBAUGH D L，FEICK L F. Consumer Knowledge Assessment [J]. Journal of Consumer Research，1994，21（1）：71-82.

认为产品知识大致可以分为主观知识、客观知识和经验知识 3 类[1]。主客观知识之间的差别可以部分体现在二者的测量方式之上：研究者一般会用被调查者关于自己对某个产品类别或领域的了解程度的自我报告来测量主观知识；[2-4]。而对客观知识的测量却多使用客观的测试题目，并用被调查者答题的正误水平来判定其客观知识水平[5-7]。

Johnson 和 Russo 指出那些认为自己对特定产品领域懂得较多（主观知识较高）的消费者倾向于相信其记忆中已经存有足够的知识，而将不需要通过外部搜寻来获得更多的信息[8]。Park 等人提出，在不同知识水平的影响差异方面，高的主观知识水平会使消费者在品牌选择和购买中更依赖内部线索或记忆，从而降低消费者搜寻外部信息的动机[9]。Bruck 指出并验证，消费者的客观知识越高，其进行信息搜寻的动机就越高[10]。Brucks 在另一项研究中提出，低的主观知识水平会使消费者在品牌选择时进行更多的认知分析，从而使其更易于接受新的产品信

[1] BRUCKS，MERRIE. The Effects of Product Class Knowledge on Information Search Behavior [J]. Journal of Consumer Research，1985，12（1）：1–16.

[2] BRUCKS，MERRIE. The Effects of Product Class Knowledge on Information Search Behavior [J]. Journal of Consumer Research，1985，12（1）：1–16.

[3] RAO A R，MONROE K B. The Moderating Effect of Prior Knowledge on Cue Utilization in Product Evaluations [J]. Journal of Consumer Research，1988，15（2）：253–264.

[4] RAJU P S，MICHAEL D REILLY. Product Familiarity and Information Processing Strategies：An Exploratory Investigation [J]. Journal of Business Research，1980，8（2）：187–212.

[5] JOHNSON E J，RUSSO J E. Product Familiarity and Learning New Information [J]. Journal of Consumer Research，1984，11（1）：542–550.

[6] RAJU P S，MANGOLD S C L G. Differential Effects of Subjective Knowledge，Objective Knowledge，and Usage Experience on Decision Making：An Exploratory Investigation [J]. Journal of Consumer Psychology，1995，4（2）：153–180.

[7] SUJAN，MITA. Consumer Knowledge：Effects on Evaluation Strategies Mediating Consumer Judgments [J]. Journal of Consumer Research，1985，12（1）：31–46.

[8] JOHNSON E J，RUSSO J E. Product Familiarity and Learning New Information [J]. Journal of Consumer Research，1984，11（1）：542–550.

[9] PARK C WHAN，et al. Self–perceived knowledge；some effects on information processing for a choice task [J]. American Journal of Psychology，1988，101（3）：401–424.

[10] BRUCKS，MERRIE. The Effects of Product Class Knowledge on Information Search Behavior [J]. Journal of Consumer Research，1985，12（1）：1–16.

息和更新原有的产品知识；而高的主观知识水平则会让消费者更依赖于自身的评价水平，即更少利用外部知识[1]。Park 等人发现，独立于客观知识，更低的主观知识与更高的感知重要性相关，并会受到新信息的影响[2]。Rudell 发现，高水平的客观知识增加了消费者使用新信息的能力，而高水平的主观知识水平增加了消费者对内部信息或记忆中信息的依赖（即降低了其对外部搜寻的动机）[3]。Selnes 和 Gronhaug 指出，更高的主观知识会让消费者变得更为自信，使消费者对人际以及其他信息来源的依赖程度降低[4]。

Park 和 Lessig 认为主观知识是产品知识与消费者的自信程度的结合体，所以其对信息处理的作用是有别于客观知识的[5]。Duncan 和 Olshavsky 指出，高的主观知识水平意味着消费者具有执行产品相关任务（包括信息搜寻）的信心[6]。李东进等人则指出，较低的主观知识意味着消费者对特定产品的自信程度较低，此时消费者受品牌形象等外在因素的影响，搜寻动机不高；而当主观知识较高时，消费者的自信程度就较高，为了维持其自信程度会更积极地搜寻信息。也就是说，他们认为主观知识与信息搜寻之间具有正向的联系[7]。

---

[1] BRUCKS，MERRIE. A Typology of Consumer Knowledge Content [J]. in Advances in Consumer Research，1986，13：58–63.

[2] PARK C WHAN，et al. Self–perceived Knowledge；Some Effects on Information Processing for a Choice Task [J]. American Journal of Psychology，1988，101（3）：401–424.

[3] MATTILA A S，WIRTZ J. The Impact of Knowledge Types on the Consumer Search Process：An Investigation in the Context of Credence Services [J]. International Journal of Service Industry Management，2002，13（3）：214–230.

[4] SELNES F，GRONHAUG K. Subjective and Objective Measures of Product Knowledge Contrasted [J]. Advance in Consumer Research，1986，13：61–71.

[5] PARK C W，LESSIG V P. Familiarity and Its Impact on Consumer Decision Biases and Heuristics [J]. Journal of Consumer Research，1981，8（2）：223–231.

[6] OLSHAVSKY D R W. External Search：The Role of Consumer Beliefs [J]. Journal of Marketing Research，1982，19（1）：32–43.

[7] 李东进，孙春风，秦勇 . 消费者产品知识对信息搜寻努力影响的实证研究——以手机消费者为例 [J]. 营销科学学报，2007（1）：92–106.

消费者的主观知识和客观知识之间存在密切联系，早期的不少研究都把主观知识看成是客观知识的替代指标，但是一些研究证实有必要将二者予以区分对待(参见Gardner等人[1]、Brucks[2]和Park和Lessig[3]的研究)在很多情况下，消费者自认为自己所知道的（主观知识）并不等同于其确实知道的（客观知识），所以在研究过程中也存在对此加以区分的必要[4]。但是由于客观知识的测量存在一定难度,所以相当部分的研究者在实际操作时还是选择了用主观知识来衡量消费者的产品知识。

Punj和Staelin提出了可用的既有知识（usable prior knowledge）和既有记忆结构（prior memory structure）的概念，对消费者的客观知识做了区分[5]。可用的既有知识是指消费者可以在当前决策中用到的知识，包括与候选产品相关的对特定产品属性的认识，以及对特定产品的一般购买程序的了解，它与信息搜寻呈负相关；而既有记忆结构则包括关于产品和（或）购买决策的总体知识结构，体现了之前发生过的体验对消费者更有效地利用新信息的促进作用。也就是说，特定产品知识的存在会降低搜寻努力，而关于产品类别的总体知识则会增加搜寻努力。在此之外，还有一些研究者使用了专业知识（expertise）的概念[6,7]，但总的来说，这

[1] GARDNER，D M. An Experimental Investigation of the Price-Quality Relationship [J]. Journal of Retailing，1970，46（Fall）: 39-40.

[2] BRUCKS，MERRIE. The Effects of Product Class Knowledge on Information Search Behavior [J]. Journal of Consumer Research，1985，12（1）: 1-16.

[3] PARK C W, LESSIG V P. Familiarity and Its Impact on Consumer Decision Biases and Heuristics [J]. Journal of Consumer Research，1981，8（2）: 223-231.

[4] PARK C W，MOTHERSBAUGH D L，FEICK L F. Consumer Knowledge Assessment [J]. Journal of Consumer Research，1994，21（1）: 71-82.

[5] PUNJ G N，STAELIN R. A Model of Consumer Information Search Behavior for New Automobiles [J]. Journal of Consumer Research，1983，9（4）: 366-380.

[6] ALBA，J，H. Marmorstein.The Effects of Frequency Knowledge on Consumer Decision Making [J]. Journal of Consumer Research，1987，14 : 14-25.

[7] DACIN M P A. The Assessment of Alternative Measures of Consumer Expertise [J]. Journal of Consumer Research，1996，23（3）: 219-239.

一概念（解决任务相关问题的能力）与客观知识存在着较高的一致性。

研究者们也通过将消费者区分为新手型以及专家型消费者的方式来探讨客观产品知识对信息搜寻行为的影响。比如 Mitchell 和 Dacin 的研究表明，与新手型消费者不同，专家型消费者并不需要依赖于比较性的数据来判断产品的哪项属性具有吸引力[1]。Jaillet 的研究证实，在进行网络搜寻时，新手型消费者以及专家型消费者所访问的网站以及浏览模式并不一致。专家型消费者往往会利用利基型（niche）门户网站以及利基型销售商网站，而新手型消费者往往会利用常见的门户网站、常见销售商网站以及搜索引擎进行信息搜寻；在对网站进行比较评估之前，专家型消费者往往会直接输入网址，而新手型消费者则有时还需要通过搜索引擎获取网址[2]。

李东进等人指出，经验知识（experience-based knowledge）指的是基于消费者过去购买或使用该产品所积累的经验[3]。Park 等人曾将消费者的客观知识分为记忆中储存的产品类别知识和与产品相关的体验知识，并发现二者都与主观知识之间存在正相关，但产品体验的重要性更高，更易于记忆的存取[4]。Brucks 指出，购买或使用产品的经验和消费行为之间的直接关系较少，所以不能用购买或使用产品的经验来衡量产品知识[5]。所以在信息搜寻的研究领域中，研究者们通常舍弃经验

[1] DACIN M P A. The Assessment of Alternative Measures of Consumer Expertise [J]. Journal of Consumer Research，1996，23（3）：219–239.

[2] JAILLET，HELENE FRANCE. Consumer Search Behavior in Online Shopping : The Effects of Novice Versus Expert Product Knowledge [M]. The University of Texas at Austin，2001.

[3] 李东进，孙春风，秦勇 . 消费者产品知识对信息搜寻努力影响的实证研究——以手机消费者为例 [J]. 营销科学学报，2007（1）：92–106.

[4] PARK C W，MOTHERSBAUGH D L，FEICK L F. Consumer Knowledge Assessment [J]. Journal of Consumer Research，1994，21（1）：71–82.

[5] BRUCKS，MERRIE. The Effects of Product Class Knowledge on Information Search Behavior [J]. Journal of Consumer Research，1985，12（1）：1–16.

知识，多以主观知识和客观知识来衡量消费者的产品知识[1]。

经验知识能在很大程度上影响消费者的主客观知识，比如 Park 等人就曾证实，既往的产品购买体验会在较大程度上影响主客观知识的形成，产品购买使用经验越丰富，消费者的主、客观知识就越丰富[2]。有些研究者甚至将经验知识看作消费者既有知识的一部分[3,4]。Brucks 等人指出，经验知识越丰富，消费者在主观上就越感自信，主观知识也就越高[5]。Raju 和 Reilly 指出，个体消费者倾向于将其消费决策建立在过往经验之上，因为他（她）在决定是否购买以及搜寻信息时首先就会回忆之前的经验[6]。Bettman 和 Park 也认为，通过产品使用经验，消费者的产品熟悉度能得以增加[7]。从这种意义上而言，经验知识更应该是作为产品知识的前因，而非产品知识的构成部分。

在有关产品知识的研究中，熟悉度（familiarity）也是一个较常见的概念。Baker 等人指出，熟悉度是与针对一项产品或服务所进行的信息加工的时长直接相关的单一维度概念，它与信息加工的类型或内容

[1] 李东进，孙春凤，秦勇．消费者产品知识对信息搜寻努力影响的实证研究——以手机消费者为例 [J]. 营销科学学报，2007（1）：92–106.

[2] PARK C W，MOTHERSBAUGH D L，FEICK L F. Consumer Knowledge Assessment [J]. Journal of Consumer Research，1994，21（1）：71–82.

[3] BRUCKS，MERRIE. The Effects of Product Class Knowledge on Information Search Behavior [J]. Journal of Consumer Research，1985，12（1）：1–16.

[4] RAJU P S，MANGOLD S C L G. Differential Effects of Subjective Knowledge，Objective Knowledge，and Usage Experience on Decision Making：An Exploratory Investigation [J]. Journal of Consumer Psychology，1995，4（2）：153–180.

[5] BRUCKS，MERRIE AND PAUL SCHURR. The Effects of Bargainable Attributes and Attribute Range Knowledge on Consumer Choice Processes [J]. Journal of Consumer Research，1990，16（3）：409–419.

[6] RAJU P S，MICHAEL D REILLY. Product Familiarity and Information Processing Strategies：An Exploratory Investigation [J]. Journal of Business Research，1980，8（2）：187–212.

[7] BETTMAN，JAMES R，C WHAN PARK. Effects of Prior Knowledge and Experience and Phase of the Choice Process on Consumer Decision Processes：A Protocol Analysis [J]. Journal of Consumer Research，1980，7（3）：234–248.

无关[1]。所以熟悉度被研究者们描述为对产品或服务的意识或感知，它并不一定要来源于对产品或服务的真实体验[2]。Alba 和 Hutchinson 较早强调了熟悉度是消费者既有知识的重要组成部分，认为熟悉度是“消费者所累积起的与产品相关的经验多寡程度”[3]。Cordell[4] 以及 Philippe 和 Ngobo[5] 亦将产品熟悉度作为既有知识的重要组成部分来看待。但李东进等人的实证研究发现，产品熟悉度是作为一个前置因素对主客观知识发挥影响的[6]。所以本研究主要从主观知识与客观知识 2 个维度对产品知识进行把握。

第五节　研究假设与理论模型

在一些提出时间相对较晚的信息搜寻理论模型中，不少都将经济学取向和心理学取向整合为一（参见 Dowling 和 Staeli[7]，Schmidt 和 Spreng[8], Kulviwat 等人[9] 的研究）。具体来说，这些研究均使用了搜寻成

[1] BAKER，et al. Brand Familiarity and Advertising：Effects on the Evoked Set and Brand Preference [J]. Advances in Consumer Research，1986，13，637-642.

[2] SRULL，T. The Role of Prior Knowledge in the Acquisition，Retention，and Use of New Information [J]. Advances in Consumer Research，1983，10，572-576.

[3] ALBA，J，AND H MARMORSTEIN. The Effects of Frequency Knowledge on Consumer Decision Making [J]. Journal of Consumer Research，1987，14，14-25.

[4] CORDELL，V V. Consumer knowledge measures as predictors in product evaluation [J]. Psychology & Marketing，1997，14（3），241-260.

[5] PHILIPPE，AURIER AND PAUL-VALENTIN NGOBO. Assessment of Consumer Knowledge and its Consequences：A Multi-Component Approach [J]. in Advance in Consumer Research，1999，26：569-575.

[6] 李东进，孙春风，秦勇 . 消费者产品知识对信息搜寻努力影响的实证研究——以手机消费者为例 [J]. 营销科学学报，2007（1）：92-106.

[7] DOWLING G R，STAELIN R. A Model of Perceived Risk and Intended Risk-Handling Activity [J]. Journal of Consumer Research，1994，21（1）：119-134.

[8] SCHMIDT J B，SPRENG R A. A Proposed Model of External Consumer Information Search [J]. Journal of the Academy of Marketing Science，1996，24（3）：246-256.

[9] KULVIWAT S，GUO C，ENGCHANIL N. Determinants of Online Information Search：a Critical Review and Assessment [J]. Internet Research，2004，14（3）：245-253.

本、搜寻收益、搜寻动机以及搜寻能力等4个变量作为整合模型的中介变量。搜寻成本以及搜寻收益是经济学取向中的2个重要概念，而搜寻动机以及搜寻能力则来自于心理学研究取向。网络搜寻虽然在网络环境中进行，但以上4个中介变量在网络搜寻中的作用应与传统的线下搜寻无异。由于学界在衡量消费者实际搜寻努力的标准上尚存争论，而且消费者在网络信息的处理效率方面存在较大的个体差异，这就使得对实际搜寻努力的衡量存在较大的现实困难。很多理论和实证研究都显示出使用者的态度、意向和事实采用之间存在很强的相关性[1]。而且Punj和Staelin[2]、Shim等人[3]和孙曙迎[4]等人的研究均已证实消费者的搜寻动机与实际搜寻努力之间存在着很大的相关性，所以本研究直接将搜寻动机作为因变量来测量。

动机是指对某一任务投入努力的渴望，包含方向和深度2个维度[5]。也有研究者将动机描述为“与目标相关联的唤醒程度”[6]。Schmidt和Spreng将消费者信息搜寻动机定义为对搜集和处理信息的努力程度的需求，它以努力的方向（搜集和处理哪些信息）以及努力的强度（目标导向的唤醒程度）为特征[7]。根据Petty和Cacioppo的ELM模型，处

[1] 程华. 网上消费者行为的理论与实证研究 [M]. 山西经济出版社，2003.

[2] PUNJ G N，STAELIN R. A Model of Consumer Information Search Behavior for New Automobiles [J]. Journal of Consumer Research，1983，9（4）：366–380.

[3] SHIM S，EASTLICK M A，LOTZ S L，et al. An online prepurchase intentions model：The role of intention to search [J]. Journal of Retailing，2001，77（3）：397–416.

[4] 孙曙迎. 我国消费者网上信息搜寻行为研究 [D]. 浙江大学，2009.

[5] BETTMAN，JAMES R. An Information Processing Theory of Consumer Choice [M]. Addison–Wesley Educational Publishers Inc，1979.

[6] PARK，C W，MITTAL，B. A Theory of Involvement in Consumer Behavior：Problems and Issues [M]. Research in Consumer Behavior，1985：201 - 231.

[7] SCHMIDT J B，SPRENG R A. A Proposed Model of External Consumer Information Search [J]. Journal of the Academy of Marketing Science，1996，24（3）：246–256.

理信息的能力和动机是消费者进行有效的信息处理活动的先决条件[1]。这里所指的信息处理活动当然也包括网络信息搜寻活动。所以能力和动机在消费者网络信息搜寻活动中可以起到较为重要的作用，即网络搜寻努力同时要受到搜寻动机与搜寻能力的制约。

根据 Ajzen 提出的计划行为理论，感知行为控制会对行为意向（perceived behavioral control）产生正向影响[2,3]。在网络信息搜寻的情境中，对网络搜寻能力的评估构成了感知行为控制这一变量，所以消费者对自身网络搜寻能力的评估，就可能对其网络搜寻的行为意向产生影响。

虽然网络为消费者提供了一个获取消费信息的高效平台，但对网络以及网络信息的高效利用还是需要一定的网络搜寻能力作为保障。当消费者的网络使用或网络信息搜寻技能不高时，就无法享受到网络在消费信息传播方面带来的便利。Davis 所提出的技术接受模型也认为，感知易用性（perceived ease of use）是影响使用者接受某一技术的重要中介变量，很多外部因素都会通过感知易用性来发挥作用，从而对个体的最终意愿产生影响[4]。在网络信息搜寻行为的范畴中，搜寻能力所扮演的角色正与感知易用性相类似。当消费者的网络搜寻能力更高时，对网络这一信息获取平台的感知易用性也就更高，通过网络进行信息搜寻的动机也会越高。

[1] PETTY, RICHARD E AND JOHN T CACIOPPO. The Elaboration Likelihood Model of Persuasion.in Advances in Experimental Social Psychology [M]. Leornard Berkowitz.Orlando, FL : Academic Press, 1986 : 123–205.

[2] AJZEN, ICEK. From Intentions to Actions : A Theory of Planned Behavior [M]. Heidelberg, Germany : Springer, 1985, 11–39.

[3] AJZEN, ICEK. The Theory of Planned Behavior [M]. Organizational Behavior and Human Decision Processes, 1991, 50 : 179–211.

[4] AKERLOF, G. The Market for Lemons : Quality Uncertainty and the Market Mechanism [J]. Quarterly Journal of Economics, 1970, 84 (3) : 488–500.

据此，研究者得出以下假设：

H_1：网络信息搜寻能力对消费者的网络搜寻动机具有正向影响[1]。

对搜寻收益和搜寻成本的感知对消费者的搜寻活动具有决定性的影响[2]。信息搜寻在为消费者带来收益的同时，也会带来一定成本。当消费者搜寻更多信息时，搜寻的收益会不断变大，但另一方面也会付出更大的成本。

搜寻成本指为实施信息搜寻所付出的一切直接和间接成本[3]。Srinivasan 和 Ratchford 指出，搜寻成本包括搜寻的经济和时间方面的感知成本，以及处理信息所需的心理成本[4]。Kulviwat 等人认为搜寻成本指的是消费者在搜寻过程中所需要付出的金钱、时间、精神、心理以及身体方面的努力[5]。研究者们发现，正如 Stigler 的信息经济学理论所预测的，搜寻成本与搜寻活动之间存在消极关系[6]。

Srinivasan 和 Ratchford 认为搜寻收益是消费者期望从信息搜寻中获得的感知收益，并把信息搜寻的收益分为 3 个类别：价格的降低、获得了最想要的型号以及对决策制定过程的满意；将信息搜寻的成本分为进行搜寻所付出的感知时间成本和感知货币成本，以及处理信息的心理成本[7]。Moorthy 等人指出，搜寻成本和搜寻收益都要通过搜寻动机

[1] 本研究中所有理论假设均标注于图 2-1 中的对应路径中。

[2] GUO C. A Review on Consumer External Search：Amount and Determinants [J]. Journal of Business and Psychology，2001，15（3）：505-519.

[3] PUNJ G N，STAELIN R. A Model of Consumer Information Search Behavior for New Automobiles [J]. Journal of Consumer Research，1983，9（4）：366-380.

[4] SRINIVASAN N，RATCHFORD B T. An Empirical Test of a Model of External Search for Automobiles [J]. Journal of Consumer Research，1991，18（2）：233-242.

[5] KULVIWAT S，GUO C，ENGCHANIL N. Determinants of Online Information Search：a critical review and assessment [J]. Internet Research，2004，14（3）：245-253.

[6] SRINIVASAN，NARASIMHAN. Pre-Purchase External Search for Information，in Review of Marketing [J]. Chicago：American Marketing Association，1990：153-189.

[7] SRINIVASAN N，RATCHFORD B T. An Empirical Test of a Model of External Search for Automobiles [J]. Journal of Consumer Research，1991，18（2）：233-242.

才能作用于搜寻努力。所以，搜寻动机要同时受到搜寻成本和搜寻收益的影响[1]。

根据研究者在后期所进行的小范围消费者访谈，发现对那些有过网络信息搜寻体验的消费者来说，其所感知到的网络搜寻成本主要包括以下 3 个方面：时间方面的投入、对所搜寻到的信息进行了解与甄别所需的认知方面的投入、对开启电脑以及寻找网络接入等方面的“程序性”琐碎事项的投入。总体来说，与拜访销售商等传统信息搜寻手段相比，消费者对网络信息搜寻的成本感知得到了很大程度的降低。不过，按照行为经济学中的损失规避（loss aversion）理论，损失和获益给人带来的心理效用并不相同,客观上的损失比等量获益产生的心理效用更大[2]。消费者的搜寻成本和搜寻收益虽非等量的 2 个概念，但作为一种客观上的损失，搜寻成本对信息搜寻动机的影响无疑是无法忽略的。虽然网络搜寻的绝对成本得到了大大降低，但经过损失规避的“强化”，这种损失仍然可能会对消费者的网络搜寻动机产生一定影响。

而在收益方面，来自消费者访谈的结果表明，有过信息搜寻经验的消费者普遍认为通过网络搜寻能够以更高的效率获取信息、所获取的产品或品牌信息更为全面。这也反映出，与线下信息渠道相比，消费者通过网络搜寻所能获取的收益并不会低于甚至会大大高于传统渠道。所以研究者提出：

H_2：网络搜寻收益对消费者网络搜寻动机具有正向影响。

H_3：网络搜寻成本对消费者网络搜寻动机具有负向影响。

从实际操作层面来看，网络搜寻能力与搜寻动机以及搜寻成本之

[1] MOORTHY S，TALUKDAR R D. Consumer Information Search Revisited：Theory and Empirical Analysis [J]. Journal of Consumer Research，1997，23（4）：263–277.

[2] TVERSKY K A. Prospect Theory：An Analysis of Decision under Risk [J]. Econometrica，1979，47（2）：263–292.

间也可能存在一定联系。一方面，对于那些网络搜寻能力不高的消费者而言，虽然与传统的信息搜寻渠道相比，采用网络获取信息能降低其在身体等方面的投入，但在另一个角度来看也可能同样意味着更高的认知以及心理方面的投入。另一方面，当消费者的网络搜寻技能越低时，在网络中找到支持消费决策的有用信息的效率以及可能性将更低，凭借网络搜寻做出更好消费决策的可能性也就更低，对网络搜寻的感知收益水平自然也就会更低。反之，当消费者具有较高水平的网络使用技能时，在网络搜寻时所需投入的认知成本和时间成本等就将相应降低，而其对网络搜寻收益的感知就将越高。基于上述理由，研究者提出假设 H_4 和 H_5：

H_4：消费者的网络搜寻能力对网络搜寻成本存在负向影响。

H_5：消费者的网络搜寻能力对网络搜寻收益存在正向影响。

Ward 和 Lee 认为，至少在网络环境中，品牌名称可以成为直接信息搜寻的替代品，并可促进市场效率的提升[1]。当消费者认为某个品牌的产品具有较高知名度或对其具有较丰富的品牌联想时，他们对该品牌在网络中信息丰富程度的感知亦可能更高，通过网络信息搜寻获取有用信息以及利用其支持消费决策的信心也就会更高，对搜寻该种品牌产品信息的感知收益亦会提升。正如卫海英和祁湘涵所指出的，只有在消费者具有较强品牌意识的前提下，才能通过品牌信号获得较多信息[2]。

从另一方面而言，当消费者认为特定品牌在网络中的信息更为丰富时，其感知到的获取相关信息所需耗费的认知及时间维度上的成本亦

[1] WARD，MICHAEL R，MICHAEL J LEE. Internet Shopping，Consumer Search and Product Branding [J]. Journal of Product & Brand Management，2000，9（1）：6–20.

[2] 卫海英，祁湘涵 . 基于信息经济学视角的品牌资产生成研究 [J]. 中国工业经济，2005（10）：115–122.

有可能得到降低。此外，根据品牌信号理论，在存在很多不确定性的网络环境中，品牌名字也是一种有用信息。Rowley 指出，消费者在作出在线购买决策时，可以把知名的品牌名字作为产品信息的替代品[1]。也就是说，品牌可以成为消费者在面临消费决策时所运用的一种简便化的质量指示信号，从而降低对产品进行直接评估所需的成本。卫海英和祁湘涵也认为，在其他市场条件一定的情况下，品牌作为可信的信息传递信号会直接和间接地减少消费者的信息搜集和信息处理成本[2]。而我们认为，品牌的此种降低信息成本的作用将主要由意识联想来发挥。由上述分析可推出：

H_6：意识联想会对消费者网络搜寻收益产生正向影响。

H_7：意识联想会对消费者网络搜寻成本产生负向影响。

Johnson 等人认为，主观质量体现了消费者对特定品牌产品质量的主观感知，正如黄合水指出的，主观质量可以在为品牌塑造差异化或定位、提高品牌附加值等方面提升品牌对于消费者的吸引力。而这种吸引力就很可能转换为消费者对品牌及产品相关信息的兴趣，从而提升消费者对搜寻收益的感知[3]。从另一方面来看，对于主观质量较高的品牌，消费者本身对其就会具有较高的评价或期待，在此基础之上，其对后续购买决策的满意程度就将更高，所感知到的通过信息搜寻而获取额外收益的可能就更高。基于上述分析，提出假设 H_8：

H_8：主观质量会对消费者网络搜寻收益产生正向影响。

Johnson 等人进一步指出，由于消费者的品牌忠诚往往建立在对特

[1] ROWLEY J. Just Another Channel? Marketing Communications in E - business [J]. Marketing Intelligence & Planning，2004，22（1）：24–41.

[2] 卫海英，祁湘涵．基于信息经济学视角的品牌资产生成研究 [J]. 中国工业经济，2005（10）：115–122.

[3] 黄合水．品牌学概论 [M]. 高等教育出版社，2009.

定品牌的既有积极体验之上，所以消费者对其所忠诚的品牌往往具有相当的信任与了解，这就在一定程度上降低了购买风险[1]。从这一方面考虑，对品牌具有较高忠诚度的消费者在面对该品牌产品的购买决策时，所感知到的决策风险就相应降低。Reselius 通过调查发现，在包括（名人或专家的）背书、销售商形象、免费样品、退款保障、官方验证、购物比较、挑选最贵型号、口碑等 11 种降低消费者感知风险的举措中，品牌忠诚是效果最佳的举措之一[2]。与消费决策有关的风险的降低，就意味着通过信息搜寻所能带来的收益的降低。鉴于此，我们认为品牌忠诚可能通过降低购买风险等方式对搜寻收益产生正面影响。基于此，提出假设 H_9：

H_9：品牌忠诚会对消费者网络搜寻收益产生负向影响。

根据 Park 等人的观点，主观产品知识指的是消费者关于产品类别了解的深度和广度的自我评估[3]。正如前文所述，研究者们对主观知识与信息搜寻关系的看法可谓莫衷一是。认为主观产品知识与信息搜寻具有正向联系的有 Johnson 和 Russo[4]、Brucks[5]、Park 等人[6]以及 Mattila[7]

[1] JOHNSON，M S，E. Garbarino & Eugene Sivadas.Influences of Customer Differences of Loyalty，Perceived Risk and Category Experience on Customer Satisfaction Ratings [J]. International Journal of Market Research，2006，48（5）：601–622.

[2] ROSELIUS T. Consumer Rankings of Risk Reduction Methods [J]. Journal of Marketing，1971，35（1）：56–61.

[3] PARK C W，MOTHERSBAUGH D L，FEICK L F. Consumer Knowledge Assessment [J]. Journal of Consumer Research，1994，21（1）：71–82.

[4] JOHNSON E J，RUSSO J E. Product Familiarity and Learning New Information [J]. Journal of Consumer Research，1984，11（1）：542–550.

[5] BRUCKS，MERRIE. A Typology of Consumer Knowledge Content [J]. Advances in Consumer Research，1986，13：58–63.

[6] PARK C WHAN，MERYL P GARDNER，et al. Self-perceived Knowledge；Some Effects on Information Processing for a Choice Task [J]. American Journal of Psychology，1988，101（3）：401–424.

[7] MATTILA A S，WIRTZ J. The Impact of Knowledge Types on the Consumer Search Process：An Investigation in the Context of Credence Services [J]. International Journal of Service Industry Management，2002，13（3）：214–230.

等的研究，而认为主观产品知识与信息搜寻具有负向联系的研究者也不乏其人，如李东进等人的研究[1]。

综合分析，主观产品知识较高的消费者，很可能对该产品类别拥有较丰富的产品体验，经验方面的积累很有可能让消费者对该类产品的信息来源等具备更高的熟悉度，由此就可能让消费者对自身网络信息搜寻能力产生更积极的评价。此外，正如 Park 和 Lessig[2]、Urbany 等人[3]以及李东进等人[4]所指出的，较高的主观产品知识往往与较高的自信水平相联系，而较高的自信水平似乎也很容易扩展到消费者对自身网络搜寻能力的感知上。所以我们判断，在网络环境中，主观产品知识亦会对网络搜寻能力产生正向影响。

当消费者的主观产品知识越高，即消费者认为自身对某种产品类别具有较全面了解时，意味着消费者对该类产品的消费决策具有较高的自信水平。这种情况下，借由额外的信息搜寻而获得的购买决策的改善空间就相对有限了，因为消费者趋向于认为自己已经具备独立作出购买决策的知识背景。也就是说，从达成较优购买决策的角度看，消费者的主观知识水平越高，感知到的额外信息的利益就可能越低。这一点在网络信息环境中亦当如此。

从另一方面来说，消费者主观产品知识水平越高，可能越趋向于认为额外的信息搜寻行为是一种“无谓浪费”，而由于对搜寻成本的评估在很大程度上也是来自消费者的主观感知，所以我们推测，消费者

[1] 李东进，孙春风，秦勇. 消费者产品知识对信息搜寻努力影响的实证研究——以手机消费者为例 [J]. 营销科学学报，2007（1）：92-106.

[2] PARK C W, LESSIG V W. Familiarity and Its Impact on Consumer Decision Biases and Heuristics [J]. Journal of Consumer Research，1981，8（2）：223-231.

[3] URBANY J E，DICKSON P R，WILKIE W L. Buyer Uncertainty and Information Search [J]. Journal of Consumer Research，1989，16（2）：208-215.

[4] 李东进，孙春风，秦勇. 消费者产品知识对信息搜寻努力影响的实证研究——以手机消费者为例 [J]. 营销科学学报，2007（1）：92-106.

的主观产品知识水平越高，其感知到的网络搜寻成本相应也会更高。具体而言，有关于主观产品知识的假设如下：

H_{10}：主观产品知识会对消费者网络搜寻能力产生正向影响。

H_{11}：主观产品知识会对消费者网络搜寻收益产生负向影响。

H_{12}：主观产品知识会对消费者网络搜寻成本产生正向影响。

正如 Park 等人所界定的，客观产品知识指的是储存在消费者长时记忆中的关于产品类别的准确信息[1]。虽然研究者们也发现在客观知识之外还有自信水平等因素会影响到主观知识，但客观知识对消费者主观知识评估所能产生的影响并不会因此而受到忽视，这一点也得到过其他研究者的证实。所以我们预期，客观产品知识对主观产品知识具有正面影响。

另一方面，和主观产品知识与网络搜寻能力间关系相类似的是，消费者客观产品知识水平越高，就越了解应该从哪些来源、哪些产品属性来获取所需信息，也更容易判断哪些信息是支持购买决策的关键信息，这样就可能使消费者提高对网络搜寻能力的自我评估，基于上述分析，本研究预测：

H_{13}：客观产品知识会对主观产品知识产生正向影响。

H_{14}：客观产品知识会对网络搜寻能力产生正向影响。

为了进一步提升研究结论的现实意义，本研究还引入了个人卷入度这一调节变量。消费者的卷入指产品对消费者的重要性和相关性，它包括 2 个方面，其一是个人卷入（personal involvement），其二是产品卷入（product involvement），必须同时满足这 2 个条件才能使消费者达到较高的卷入程度（王怀明，1999）。周象贤和金志成指出，产品卷入

[1] PARK C W，MOTHERSBAUGH D L，FEICK L F. Consumer Knowledge Assessment [J]. Journal of Consumer Research，1994，21（1）：71-82.

是指不同的产品类别往往对应着高低不等的卷入水平[1]。产品卷入度高的往往是贵重的产品或服务，通常是价格昂贵、社会价值高或者消费者较为陌生的商品；而产品卷入度低的则是价格较低、风险较小的商品。因为高卷入产品是消费者进行信息搜寻的一个必要条件，所以本研究所探讨的产品必须为高卷入产品。个人卷入是从消费者的主观唤醒程度或注意水平的角度来界定卷入度的高低[2,3]，它也是影响消费者信息加工的重要因素之一。建立在个人卷入概念基础上的最具影响力的理论是 Petty 等人所提出的 ELM 理论，该理论突出强调了个人卷入对信息加工的调节效应[4]。

认知心理领域的研究成果提出，对个人卷入和产品卷入的割裂可能影响我们对该概念的全面把握[5]。个人卷入的有关理论模型均强调受众的主观状态对广告及品牌信息加工的影响，指出对于任何一类商品，消费者会因时间、地点或个体需求等的变化而存在不同的内部唤醒程度或水平。也就是说，即便是对同一类高卷入产品，不同消费者的个人卷入水平也可能是不一致的。

Flynn 和 Goldsmith 证实，较高的卷入水平将会驱使消费者主动且积极搜寻产品信息，以做出最符合需要的购买决策，而个人卷入度较低的

[1] 周象贤，金志成．卷入影响广告理性诉求信息加工效果的眼动研究 [J]. 心理学报，2009，41（4）：357–366.

[2] ANDREW，et al. A Framework for Conceptualizing and Measuring the Involvement Construct in Advertising Research [J]. Journal of Advertising，1990，19（4）：27–40.

[3] TONCAR，M，MUNCH J. Consumer Responses to Tropes in Print Advertising [J]. Journal of Advertising，2001，30（1）：55–65.

[4] PETTY R E，SCHUMANN C D. Central and Peripheral Routes to Advertising Effectiveness：The Moderating Role of Involvement [J]. Journal of Consumer Research，1983，10（2）：135–146.

[5] 周象贤，金志成．卷入影响广告理性诉求信息加工效果的眼动研究 [J]. 心理学报，2009，41（4）：357–366.

消费者的信息搜寻行为则更加消极被动[1]。Verbeke 和 Vackier 的实证研究结果亦显示，卷入对消费者的信息搜寻行为具有显著影响[2]。综上所述，很有必要将个人卷入度作为调节变量导入到研究的理论模型之中。

所以本研究假设：

H_{15a}：个人卷入度对搜寻收益与搜寻动机之间的关系将产生调节作用。

H_{15b}：个人卷入度对搜寻成本与搜寻动机之间的关系将产生调节作用。

H_{15c}：个人卷入度对搜寻能力与搜寻动机之间的关系将产生调节作用。

基于以上所提的具体假设，可以概括出本研究的具体理论模型（如图 2-1 所示）。

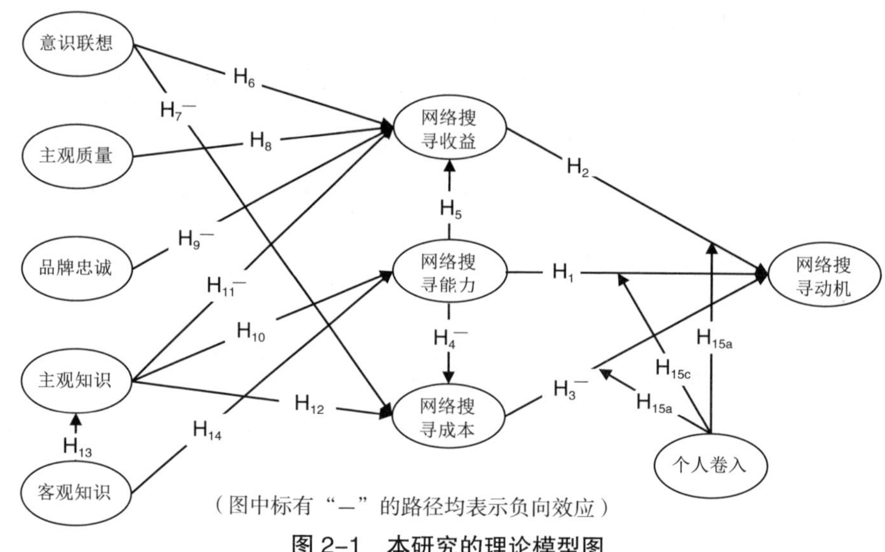

图 2-1 本研究的理论模型图

[1] FLYNN L R，GOLDSMITH R E. A Validation of the Goldsmith and Hofacker Innovativeness Scale [J]. Educational and Psychological Measurement，1993，53：1105–1116.

[2] VERBEKE W，VACKIER I. Profile and Effects of Consumer Involvement in Fresh Meat [J]. Meat Science，2004，67（1）：159–168.

｜第三章｜

研究方法及研究过程

本研究主要采用问卷调查法来获取数据，研究中使用的量表主要为既有文献中的成熟量表。为保证数据的可靠性，在通过小样本访谈对相关量表进行完善的基础之上，利用前测数据对量表进行了进一步精简处理。最后，利用网络问卷调查平台进行了正式调查。

第一节　研究方法

一、研究方法的选取

本研究主要采用问卷调查法和访谈法。访谈法主要用于对研究中产品类别和品牌的选取以及量表的修改，而研究的主干部分采取的是调查法。相当部分的研究者在研究消费者搜寻时都选择了问卷调查法，而且在有关不同类别消费者既有知识测量的文献中，自我报告的调查式测量方式也是最常运用的[1]。

[1] COLE，CATHERINE A，GARY GAETH，et al. Measuring Prior Knowledge [J]. Advance in Consumer Research，1986，13：64-66.

也有一些关于消费者搜寻的研究采用的是实验法。用实验法研究信息搜寻的优点在于能探讨消费者搜寻的模式，而非仅仅考察搜寻努力的大小[1]。此外，通过对某些技术如信息展示板（information display boards）的采用，实验法可以对搜寻过程中的某些细节问题进行深入探讨。正如 Zwick 等人所批评到的，实验法的最大问题是其在生态效度（ecological validity）方面不具优势[2]。在实验室的模拟情境中，消费者所给出的反应可能在很大程度上与现实环境脱节。所以 Beatty 和 Smith 批评到，实验法根本无法研究到搜寻行为本身[3]。Lehmann 和 Moore 也指出，实验设计通常只能获取搜寻的意向，而不能观测那些随意的或非目的性的搜寻活动[4]。在对优劣进行权衡之后，本研究最终采用调查法作为主要研究方法。

本研究将大学生作为主要调查对象。Yoo 和 Donthu 指出，大学生群体代表着最为活跃的网络使用者[5]。相当多的有关消费者网上行为的研究都运用了大学生样本（如 Greig[6]、孙曙迎[7]）。大学生样本的有效性和概括性虽然会经常受到抨击，但 Calder 等人指出，诸如大学生样本之类的同质化样本对于理论有效性研究具有重要的作用[8]。也就是说，

[1] XIA，LAN. A Multi-Method Investigation of Consumer Browsing Behaviors and Unintended Information Acquisition：Three Essays [D]. The University of Illinois at Urbana-Champaign.

[2] ZWICK R，RAPOPORT A，MUTHUKRISHNAN A K C L V. Consumer Sequential Search：Not Enough or Too Much？ [J]. Marketing Science，2003，22（4）：503-519.

[3] BEATTY，SHARON E SCOTT M SMITH. External Search Effort：An Investigation Across Several Product Categories [J]. Journal of Consumer Research，1987，14（6）：83-95.

[4] MOORE W L. Validity of Information Display Boards：An Assessment Using Longitudinal Data [J]. Journal of Marketing Research，1980，17（4）：450-459.

[5] YOO，BOONGHEE，NAVEEN DONTHU. Developing and validating a multidimensional consumer-based brand equity scale [J]. Journal of Business Research，2001，52（1）：1-14.

[6] GREIG CHARLOTTE GRACE. Consumers on the Web：A Study of Pre-Purchase Search [D]. The Golden Gate University，2003.

[7] 孙曙迎 . 我国消费者网上信息搜寻行为研究 [D]. 浙江大学，2009.

[8] CALDER，B，L W PHILLIPS，et al. Designing Research for Application [J]. Journal of Consumer Research，1981，8（2）：197 - 207.

对于本研究这样的理论测试研究（theory-testing research）而言，大学生样本是可以接受甚至是颇受欢迎的样本。当然，将大学生作为主要调查对象，也可以在一定程度上降低数据收集的难度。为了保证调查样本的适宜性,本研究为被调查者设置了2个网络使用方面的筛选条件：其一为被调查者必须具备2年以上的网络使用经验；其二为被调查者必须有过网络信息搜寻的经验。

二、产品类别及研究品牌的确定

在对20位在读大学生进行一对一访谈之后，研究者决定选择笔记本电脑作为测试产品，并将联想（LENOVO）和华硕（ASUS）2个品牌作为测试品牌。之所以选择笔记本电脑作为测试产品，主要理由如下：

1. 购买笔记本电脑时，消费者的搜寻努力会相对较高

首先，笔记本电脑的购买是一项较为重要的购买决策。正如Newman所指出的，只有当所购买的产品足够重要时，消费者才会进行更多的信息搜寻[1]；其次，笔记本电脑是耐用品，会增强消费者的信息搜寻活动[2]。研究者所进行的消费者访谈也证实了这一点，相比于手机等产品，消费者承认在购买笔记本电脑进行了更多的信息搜寻。

2. 笔记本电脑与网络搜寻的关系更为密切

笔记本电脑与网络使用之间具有天然的联系。有理由相信，购买笔记本电脑的消费者更倾向于具备网络搜寻的能力和动机。同样，笔记本电脑的使用往往需要对电脑的熟悉和运用作为前提。此外，网络

[1] NEWMAN, JOSEPH W. Consumer External Search：Amount and Determinates, in Consumer and Industrial Buying Behavior [M]. New York：Elsevier North Holland, 1977.

[2] OLSHAVSKY D R W. External Search：The Role of Consumer Beliefs [J]. Journal of Marketing Research, 1982, 19（1）：32-43.

上存在着有关笔记本电脑的海量信息，消费者可以在网络上充分获取其所需要的各类信息。

3. 消费者关于笔记本电脑的品牌知识和产品知识具有足够的差异性

不少研究者曾将手机作为测试产品（如李东进等人[1,2]、孙曙迎和徐青[3]等人的研究），但研究者在访谈中发现，消费者在手机的品牌知识和产品知识的各维度上的差异并不大。这可能是因为手机已经是一种个人必需品，所以消费者对手机的了解都较深。但就笔记本电脑而言，消费者在品牌知识以及产品知识的各维度上均存在较大差异。

在品牌选择方面，研究者将联想（LENOVO）和华硕（ASUS）2个品牌作为测试品牌。之所以选择联想和华硕，主要是考虑到了这两个品牌在中国市场特别是年轻消费者群体中具有较高的市场占有率[4]。

需要指出的是，在实际的网络搜寻行为中，消费者可能只愿意对那些进入可行集合（feasible set）的品牌进行信息搜寻。为了使研究更接近于实际市场状况，本研究为此专门设计了一个甄别问题，询问测试品牌是否会是消费者可接受的品牌，只有那些表示可能会接受测试品牌的消费者才能进入后续调查。

[1] 李东进．消费者搜寻信息努力的影响因素及其成果与满意的实证研究[J]．管理世界，2002（11）：100−107.

[2] 李东进，孙春凤，秦勇．消费者产品知识对信息搜寻努力影响的实证研究——以手机消费者为例[J]．营销科学学报，2007（1）：92−106.

[3] 孙曙迎，徐青．消费者网上信息搜寻努力影响因素的实证研究[J]．重庆大学学报（社会科学版），2007（02）：32−37.

[4] 虽然另一知名笔记本品牌惠普（HP）亦满足上述条件，但由于本研究实施之时惠普“质量门”的负面影响尚未消除，研究者担心此偶然事件可能会对调查结果产生过大影响，故未将其列入测试品牌之列。

第二节　研究变量的测量

本研究所需测量的变量共有 13 个，大多数的变量均在已有研究中出现过。为了保持研究的延续性及可对比性，在对变量测量时尽量参考既有的成熟量表。具体操作时，主要按照 Churchill 的建议分步实施 [1]。首先，研究者对近年来国内外主流学术期刊中刊载的相关论文进行广泛阅读，找到引用率较高的量表并对其进行翻译；其次，为了确保量表意思的准确性，邀请一位英语专业人士将翻译后的量表重新译为英文；再次，邀请 3 名广告学专业研究生，对第二次修改后的量表进行小范围的商讨，以期找出表达方面或专业方面的问题；最后，结合本次研究的实际情况及前测调研结果对量表进行最终修改。

具体测量采用李克特量表进行，有研究者发现，中国的被试者对李克特 5 点量表理解的区分不大，答案集中与中间值“3”频繁出现的情况较多 [2]。此外，根据李茂能的个人经验，使用 6 点或 7 点李克特量表，可以使数据更好地符合连续性属性的要求 [3]。此外，这样处理亦能减少数据产生过度偏态的几率，从而更利于因子分析的进行 [4]。基于上述考虑，本研究在调查中选择使用李克特 7 点量表。

各变量的具体测量方式如表 3–1、3–2、3–3：

[1] CHURCHILL G A，JR. A Paradigm for Developing Better Measures of Marketing Constructs [J]. Journal of Marketing Research，1979，16（1）：64–73.

[2] 刘国华 . 基于顾客视角的销售促进对品牌资产的影响研究 [D]. 复旦大学，2008.

[3] 李茂能 . 结构方程模式软体 Amos 之简介及其在测验编制上之应用——Graphics & Basis [M]. 心理出版社（台北），2006.

[4] 在进行结构方程分析时，当问项的量表超过 7 点以上，就可以被视为连续性量表。

表 3-1　品牌知识与主观产品知识部分变量的测量维度

变量	测量问项	参考文献
品牌意识或联想	1. 我熟悉 ×× 品牌的外在特征	Yoo et al.（2000）
	2. 我能从同类品牌中认出 ×× 品牌	
	3. 我听说过 ×× 品牌	
	4.×× 品牌的一些特征能很快地出现在我的脑海中	
	5. 我能很快地回忆出 ×× 品牌的标志或口号	
	6. 在脑海里想象 ×× 品牌对我来说有些困难（反向）	
主观质量	1.×× 品牌的产品具有很高的质量	Yoo et al.（2000）
	2. 与其他品牌相比，×× 品牌的产品质量会更高	
	3.×× 品牌的产品会有很好的表现	
	4.×× 品牌的产品更为可靠	
	5.×× 品牌旗下产品的质量一定会很高	
	6.×× 品牌的产品质量很差（反向）	
品牌忠诚	1. 我对 ×× 品牌是忠诚的	Yoo et al.（2000）
	2.×× 品牌的产品将会是我的第一选择	
	3. 如果 ×× 品牌的产品有卖，我不会选择别的品牌	
主观知识	1. 相比于其他人，我对笔记本电脑了解更多	Mattila & Wirtz（2002）；李东进等（2007）
	2. 当需要购买笔记本时，我有信心挑选出合适的产品	
	3. 我了解笔记本电脑的各种功能	
	4. 我比周围人知道更多的笔记本电脑的功能和术语	
	5. 我比其他人更懂得如何评价笔记本电脑的好坏	

表 3-2 搜寻部分变量的测量维度

变量	测量问项	参考文献
搜寻能力	1. 我熟悉网上的各种信息搜寻技能 2. 我能对各种网络资源运用自如 3. 我常能在网上轻松找到所需信息 4. 和一般人比起来，我比较了解如何使用网络搜寻信息	孙曙迎（2009）
搜寻收益	1. 上网搜寻 ×× 牌笔记本电脑的信息可以节约获取信息的时间 2. 上网搜寻 ×× 牌笔记本电脑的信息有助于我买到性价比最高的型号 3. 上网搜寻 ×× 牌笔记本电脑的信息将让我学到更多相关的产品和品牌知识 4. 上网搜寻 ×× 牌笔记本电脑的信息会让我获得很多对购买决策非常有价值的信息 5. 上网搜寻 ×× 牌笔记本电脑的信息有助于我做出最佳购买决策	Srinivasan & Ratchford（1991）；孙曙迎（2009）
搜寻成本	1. 上网搜寻 ×× 牌笔记本电脑的信息是耗费精力的事情 2. 上网搜寻 ×× 牌笔记本电脑的信息是耗费时间的事情 3. 上网搜寻 ×× 牌笔记本电脑的信息是件麻烦的事情	Srinivasan & Ratchford（1991）；孙曙迎（2009）
搜寻动机	1. 购买 ×× 牌笔记本电脑前，我会使用网络搜寻相关信息 2. 购买 ×× 牌笔记本电脑前，我会试着使用网络搜寻所需的信息 3. 购买 ×× 牌笔记本电脑前，我会尽可能通过网络搜寻相关信息 4. 与其他信息渠道相比，我比较喜欢通过网络来搜寻 ×× 牌笔记本电脑的信息	Ajzen（2006）；孙曙迎（2009）

表 3-3 调节变量的测量维度

变量	测量问项	参考文献
个人卷入度	1. 笔记本电脑对我来说很重要 2. 笔记本电脑对我而言是有价值的 3. 我很关注笔记本电脑 4. 笔记本电脑对我而言是有意义的 5. 我是会花费心思在笔记本电脑上的 6. 笔记本电脑对我而言是有吸引力的 7. 笔记本电脑能体现我的身份和个性	Kapferer & Laurent（1985）； Zaichkowsky（1985）； 毕继东（2010）

研究者们在测量客观产品知识时多会使用客观的测试题目，并用被调查者答案的正误水平来判定客观产品知识水平（如 Johnson 和 Russo[1]、Raju 等人[2]、Sujan 等人[3]和李东进等人[4]的研究），本研究亦采取了此种方法。题目设计的过程如下：研究者首先通过各种信息渠道了解笔记本电脑的专业知识，随后依据一些关键的产品属性设计了若干题目。之后再邀请 2 位精通笔记本电脑知识的专业人士对这些题目进行评估，删除了一些他们认为难以体现出回答者整体知识水平的题目。最后由研究者对通过专业人士评估的题目进行进一步筛选并进行小范围的试测（30 个样本），最终的题项减少到 7 题（见表 3-4）。

[1] JOHNSON E J，RUSSO J E. Product Familiarity and Learning New Information [J]. Journal of Consumer Research，1984，11（1）：542-550.

[2] RAJU P S，MANGOLD S C L G. Differential Effects of Subjective Knowledge，Objective Knowledge，and Usage Experience on Decision Making：An Exploratory Investigation [J]. Journal of Consumer Psychology，1995，4（2）：153-180.

[3] SUJAN，MITA. Consumer Knowledge：Effects on Evaluation Strategies Mediating Consumer Judgments [J]. Journal of Consumer Research，1985，12（1）：31-46.

[4] 李东进，孙春凤，秦勇 . 消费者产品知识对信息搜寻努力影响的实证研究——以手机消费者为例 [J]. 营销科学学报，2007（1）：92-106.

表 3-4　客观产品知识的测量维度（判断题）

变量	测量问项	参考文献
客观产品知识	1. 决定笔记本电脑性能的最重要部件为内存 2. AMD 处理器是由英特尔公司生产的 3. DDR3 内存条的价格比 DDR2 内存条贵 4. 独立显卡是笔记本电脑中不可缺少的组件 5. LED 显示屏比 LCD 显示屏更先进 6. HDMI 接口的主要功能是输出音频 7. 7200 转的硬盘比 5400 转的硬盘更耗电	自设

第三节　问卷前测

研究者指出，在正式使用问卷之前应先经过前测（pretesting）的过程，以在早期发现可能隐藏的问题[1]。研究者首先根据上文中的量表形成问卷初稿，然后邀请 10 名广告专业的博、硕士研究生以及经验丰富的广告从业人员对问卷进行试填，并请他们在语义、结构、格式等各个方面对问卷提出改进意见。为进一步保证调查研究的质量，在根据这些意见形成问卷的第二稿之后，本研究以联想品牌为例进行了前测。研究者采用方便抽样的原则向身边的同学及朋友发放了 120 份问卷，最终获取了 92 份有效问卷。

通过前测数据加以考察的指标主要包括测量工具的效度（validity）和信度（reliability）2 个方面。信度即测量的可靠性（trustworthiness），是指测量结果的一致性（consistency）或稳定性（stability）。信度并非全有或全无，而是一种程度的概念，它可被视为测验结果受测量误差

[1]　荣泰生 .AMOS 与研究方法[M]. 重庆：重庆大学出版社，2009.

影响的程度 [1]。本研究选择使用 Cronbach' s alpha 值来衡量信度。学者们一般认为，Cronbach' s alpha 值达到 0.70 即意味着测量工具具有较高的信度 [2]。

而效度即测量的正确性，指测验或其他测量工具确实能够测得其所欲测量概念的程度。测量的效度愈高，表示测量的结果愈能显现其所欲测量内容的真正特征。一个测验若无效度，那么无论其具有其他任何条件，都无法发挥其测量功能 [3]。对于效度的评估，主要有内容效度（content validity）和结构效度（construct validity）2 种。

内容效度反映的是测量工具本身内容范围与广度的适切程度。内容效度是一种主观评价指标，通常可以通过文献分析以及专家判断等方式进行评估。本研究所使用的测量问项大多来源于既有实证文献，而且在调查实施前又经过了多名业内专家的反复讨论，所以内容效度应该达到了可以接受的水平。

结构效度指测量工具能测得一个抽象概念或特质的程度。结构效度的检验，必须建立在特定的理论基础之上，通过理论的澄清，引导出各项关于潜在特质或行为表现的基本假设，并以实证方法查核测量结果是否符合理论假设的内涵。具体而言，衡量结构效度主要有收敛效度（convergent validity）和区分效度（discriminant validity）2 个指标，前者主要考察特定变量的不同测量问项间的一致性，而后者主要考察不同研究变量测量间的差异程度。

对于结构效度的评价，本研究在前测阶段采用探索性因子分析

[1] 邱皓政 . 量化研究与统计分析：SPSS 中文视窗版数据分析范例解析 [M]. 重庆：重庆大学出版社，2009.

[2] CUIEFORD J P. Fundamental Statistics in Psychology and Education [M]. New Your，McGraw Hill，1965.

[3] 邱皓政 . 量化研究与统计分析：SPSS 中文视窗版数据分析范例解析 [M]. 重庆：重庆大学出版社，2009.

（exploratory factor analysis，EFA）进行。在进行因子分析之前，首先需要对变量间的相关性进行检验以确定其是否适合进行因子分析，一般用 KMO 值（kaiser-meyer-olkin measure of sampling adequacy）和 Bartlett 球形检验（bartlett test of sphericity）进行。一般认为，当 KMO 值大于 0.5 且越接近于 1 时就越适合进行因子分析，在删减测量项目时，本研究主要遵循 Straub 所建议的 3 个原则：

（1）如一个问项自成一个因子时，说明其缺乏内部一致性，将其删除；

（2）如问项在所属因子的因子负荷值小于 0.5 时，说明收敛效度不够理想，将其删除；

（3）每一问项在其对应因子上的负荷值必须接近于 1（越大越好），但在其他因子上的负荷则须接近于 0（越小越好），否则无法保证区分效度[1]。

首先对客观知识之外的 9 个变量的 43 个问项的结构效度和信度予以分析。对于这 43 个问项，本研究分别将其分为品牌知识、产品知识和搜寻变量等几个部分来进行探索性因子分析。

Churchill 指出，在对数据进行因子分析前，首先要对“垃圾测量项目”加以净化和删除，从而减少测量项目的多因子现象[2]。本研究采用的方式是计算测量指标与总体相关系数 CITC 值（corrected item-total correlation），如果 CITC 值小于 0.50，且将问项删除后的 Cronbach’s alpha 大于原值，则将其删除。

[1] STRAUB D W. Validating Instruments in MIS Research [J]. MIS Quarterly，1989，13（2），147-169.

[2] CHURCHILL G A，JR. A Paradigm for Developing Better Measures of Marketing Constructs [J]. Journal of Marketing Research，1979，16（1）：64-73.

一、品牌知识与主观产品知识

品牌知识与主观产品部分包含4个变量的20个问项，首先分别计算每个变量所含问项的CITC值。就意识联想变量的6个问项而言，发现“我听说过××品牌”以及“在脑海里想象××品牌对我来说有些困难”这2个问项的CITC值分别为0.227和0.354，且将其删除后的整体Cronbach’s alpha均有不同程度提高，所以删除这2个问项。对剩下的4个问项进行信度分析，Cronbach’s alpha为0.848，超过Cuieford所言的较高水准[1]。就主观质量的6个问项而言，发现“××品牌旗下产品的质量一定会很高”以及“××品牌的产品质量很差”2个问项的CITC值分别为0.468和0.369，且将其删除后的整体Cronbach’s alpha均有不同程度的提高，所以删除这2个问项。对剩下的4个问项进行信度分析，Cronbach’s alpha为0.904，信度水平令人满意。对品牌忠诚变量以及主观产品知识变量所属测量问项的CITC值进行计算，结果显示无需删除任何测量问项。品牌忠诚变量3个问项的Cronbach’s alpha为0.912，主观产品知识变量5个问项的Cronbach’s alpha为0.925，信度水平令人满意。

表3–5　品牌知识与产品知识部分量表的CITC分析（删减后）

变量	测量问项	CITC	问项删除后的Cronbach’s alpha
品牌意识或联想	1. 我熟悉××品牌的外在特征	0.636	0.731
	2. 我能从同类品牌中认出××品牌	0.662	0.728
	3.××品牌的一些特征能很快出现在我脑海中	0.651	0.727
	4. 我能很快回忆出××品牌的标志或口号	0.714	0.708

[1] CUIEFORD J P. Fundamental Statistics in Psychology and Education [M]. New Your, McGraw Hill, 1965.

（续表）

变量	测量问项	CITC	问项删除后的 Cronbach's alpha
主观质量	1.×× 品牌的产品具有很高的质量	0.794	0.880
	2.×× 品牌的产品会有很好的表现	0.756	0.893
	3.×× 品牌的产品更为可靠	0.765	0.890
	4. 与其他品牌相比，×× 品牌的产品质量会更高	0.856	0.859
品牌忠诚	1. 我对 ×× 品牌是忠诚的	0.794	0.897
	2.×× 品牌的产品将会是我的第一选择	0.846	0.855
	3. 如果 ×× 品牌的产品有卖，我不会选择别的品牌	0.835	0.863
主观产品知识	1. 相比于其他人，我对笔记本电脑了解更多	0.790	0.911
	2. 我有信心挑出适合我的笔记本电脑	0.645	0.941
	3. 我了解笔记本电脑的各种功能	0.872	0.896
	4. 我比周围人知道更多的功能和术语	0.873	0.894
	5. 我比其他人更懂得如何评价笔记本电脑的好坏	0.864	0.896

对经过精简后的品牌知识和主观产品知识的 16 个测量问项进行主成分因子分析，结果显示（见表 3–6），KMO=0.873，Bartlett 球形检验的统计值显著概率 p=0.000，表明样本数据适合进行因子分析。经过方差最大化旋转，提取特征根大于 1 的因子，16 个问项共能提取 3 个因子，累计可解释方差为 74.741%。观察因子结构，发现主观质量与品牌忠诚所属的 7 个测量问项同属一个因子。但由于本研究所使用的品牌知识量表是已经经过国内外学术界多次借鉴的成熟量表，且主观质量与品牌忠诚为 2 个独立维度的观点也为学界所公认。所以将因子提取数限定为 4 之后再次进行因子分析，4 个因子的特征值分别为 7.609、3.108、1.242 和 0.849，且没有问项需要删除，因子分析结果可以接受（见表 3–7）。

表 3-6　品牌知识和产品知识部分量表的 KMO 和 Bartlett 球形检验

Kaiser-Meyer-Olkin 取样适切性量数		0.873
Bartlett 球形检验	近似卡方	1313.8016
	自由度	120
	显著度	0.000

表 3-7　品牌知识部分量表的因子结构

测量问项	方差极大化正交旋转后的因子负荷矩阵			
	F1	F2	F3	F4
我熟悉 ×× 品牌的外在特征			0.724	
我能从同类品牌中认出 ×× 品牌			0.824	
×× 品牌的一些特征能很快出现在我脑海中			0.794	
我能很快回忆出 ×× 品牌的标志或口号			0.635	
×× 品牌的产品具有很高的质量		0.788		
×× 品牌的产品会有很好的表现		0.823		
×× 品牌的产品更为可靠		0.884		
与其他品牌相比，×× 品牌的产品质量会更高		0.838		
我对 ×× 品牌是忠诚的				0.658
×× 品牌的产品将会是我的第一选择				0.826
如果 ×× 品牌的产品有卖，我不会选择别的品牌				0.862
相比于其他人，我对笔记本电脑了解更多	0.843			
我有信心挑出适合我的笔记本电脑	0.677			
我了解笔记本电脑的各种功能	0.891			
我比周围人知道更多的功能和术语	0.896			
我比其他人更懂得如何评价笔记本电脑的好坏	0.889			

注：仅显示绝对值大于 0.50 的因子负荷值

二、搜寻变量以及调节变量

搜寻变量及调节变量部分包含 5 个变量的 23 个问项，按照前述标准，只需删除个人卷入度量表中的 CITC 值为 0.400 的“笔记本电脑能体现我的身份和个性”问项，删减后的个人卷入度量表的 Cronbach's alpha 为 0.897（见表 3–8）。其余 4 个变量的测量问项则均无需删减，搜寻成本变量 3 个问项的 Cronbach's alpha 为 0.952，搜寻收益变量 5 个问项的 Cronbach's alpha 为 0.890，搜寻动机 4 个问项的 Cronbach's alpha 为 0.871，搜寻能力 4 个问项 Cronbach's alpha 为 0.928，均达到较理想的水平。

表 3–8　搜寻变量及调节变量部分量表的 CITC 分析（删减后）

变量	测量问项	CITC	问项删除后的 Cronbach's alpha
搜寻成本	是件耗费精力的事情	0.881	0.944
	是件耗费时间的事情	0.903	0.927
	是件麻烦的事情	0.914	0.919
搜寻收益	可以节约获取信息的时间	0.703	0.873
	有助于买到性价比最高的型号	0.751	0.861
	让我学到更多产品和品牌知识	0.735	0.865
	让我获得很多对购买决策非常有价值的信息	0.716	0.870
	有助于我做出最佳购买决策	0.760	0.859
搜寻动机	会使用网络搜寻信息	0.803	0.810
	会试着通过网络搜寻信息	0.809	0.808
	将尽可能多地使用网络搜寻信息	0.847	0.791
	与其他信息渠道相比，比较喜欢通过网络搜寻信息	0.543	0.938

（续表）

变量	测量问项	CITC	问项删除后的 Cronbach's alpha
搜寻能力	熟悉网上的各种搜寻技能	0.807	0.895
	对介绍笔记本电脑的各种网络资源运用自如	0.878	0.870
	能在网上轻松找到所需的有关笔记本电脑的信息	0.863	0.876
	比一般人更了解如何用网络搜寻笔记本电脑的信息	0.705	0.930
个人卷入度	笔记本电脑对我来说很重要	0.790	0.868
	笔记本电脑对我而言是有价值的	0.784	0.871
	我很关注笔记本电脑	0.597	0.900
	笔记本电脑对我而言是有意义的	0.811	0.868
	我会花费心思在笔记本电脑上	0.721	0.879
	笔记本电脑对我而言是有吸引力的	0.670	0.887

之后对所有 22 个问项进行主成分分析，结果显示，KMO=0.798，Bartlett 球形检验的统计值显著概率 p=0.000，表明样本数据适合进行因子分析（见表 3-9）。经过方差最大化旋转，提取特征根大于 1 的因子，22 个问项共提取 5 个因子，累积可解释方差为 75.239%。因子结构较为清晰，且没有问项需要被删除，说明精简后的量表效度已经较为理想（见表 3-10）。

表 3-9　搜寻变量和调节变量部分量表的 KMO 和 Bartlett 球形检验

Kaiser-Meyer-Olkin 取样适切性量数		0.798
Bartlett 球形检验	近似卡方	1836.708
	自由度	276
	显著度	0.000

表 3-10　搜寻变量及调节变量部分量表的因子结构（删减后）

测量问项	方差极大化正交旋转后的因子负荷矩阵				
	F1	F2	F3	F4	F5
是件耗费精力的事情	0.939				
是件耗费时间的事情	0.948				
是件麻烦的事情	0.945				
可以节约获取信息的时间		0.687			
有助于买到性价比最高的型号		0.762			
让我学到更多产品和品牌知识		0.825			
让我获得很多对购买决策非常有价值的信息		0.845			
有助于我做出最佳购买决策		0.836			
会使用网络搜寻信息			0.890		
会试着通过网络搜寻信息			0.916		
将尽可能多地使用网络搜寻信息			0.885		
与其他信息渠道相比，比较喜欢通过网络搜寻信息			0.565		
熟悉网上的各种搜寻技能				0.867	
对介绍笔记本电脑的各种网络资源运用自如				0.916	
能在网上轻松找到所需的有关笔记本电脑的信息				0.895	
比一般人更了解如何使用网络搜寻笔记本电脑的信息				0.807	
笔记本电脑对我来说很重要					.8770
笔记本电脑对我而言是有价值的					0.859
我很关注笔记本电脑					0.715
笔记本电脑对我而言是有意义的					0.866
我会花费心思在笔记本电脑上					0.781
笔记本电脑对我而言是有吸引力的					0.738

注：仅显示绝对值大于 0.50 的因子负荷值。

三、客观知识部分测量题项的精简

对客观知识部分的 7 个测量题项的鉴别主要以区分度来进行。分别按照答案的正误对这些题项予以赋值，再分别计算单个题项得分与客观知识部分总得分的相关程度。如果某个题项得分与总体得分之间的相关程度不高，则说明该题项的区分度有待提升。结果显示“LED 显示屏比 LCD 显示屏更先进”问项与客观知识总体得分的相关系数偏低（Perason 相关系数 =0.266，P=0.027），说明该题项的区分度不是太理想，故将其删除（见表 3–11）。

表 3–11　客观知识各项目与总体得分之间的相关分析（精简后）

题项	与总体得分的 Pearson 相关系数得分	显著水平（双尾）
1. 决定笔记本电脑性能的最重要部件为内存	0.484	0.000
2. AMD 处理器是由英特尔公司生产的	0.615	0.000
3. DDR3 内存条的价格比 DDR2 贵	0.545	0.000
4. 独立显卡是笔记本电脑中不可缺少的组件	0.513	0.000
5. HDMI 接口的主要功能是输出音频	0.362	0.002
6.7200 转的硬盘比 5400 转的更耗电	0.411	0.000

第四节　数据分析方法及被调查样本的获取

由于本研究所提出的理论模型包含多个潜变量及其之间的相互影响，因而比较适于使用结构方程模型（structure equation modeling，SEM）来进行验证。

用结构方程模型验证理论概念模型，需要适当的样本容量。对于如何确定样本容量，一些学者提出了参考意见。Bentler 和 Chou 指出，如果数据表现较佳（如满足正态分布、无缺失值等），那么每个参数的估计需要 5 个样本[1]。Bagozzi 和 Yi 指出，样本容量最好要达到估计参数的 5 倍以上[2]。Anderson 和 Gerbing 认为，样本容量至少要有 100—150 个[3]。Gorsuch（1983）指出测量问项与样本数的比值应该达到 1∶5 以上，最好达到 1∶10。毕继东在确定样本容量时确定了 3 个标准：（1）大于 200 个；（2）大于测量问项的 10 倍；（3）大于模型估计参数的 5 倍[4]。本研究采用此种做法。

一、调查的实施

正式的问卷调查以在线问卷的形式在专业的问卷调查网站上进行。作为一种依托网络而兴起的新兴问卷调查方式，网络问卷调查在问卷设计的效率、填答的方便性、数据的准确性以及质量控制方面均较传统的纸质问卷有很大优势，所以为一些学者所肯定[5]。本次研究所选择的在线问卷调查网站是国内最知名的调查网站之一，在问卷设计与问卷回收等方面具有较为强大的功能，在很大程度上为此次调查的质量提供了保证。

调查的具体实施由研究者邀请某高校广告双学位班的同学完成，按照学号末位数的单、双号分别承担联想以及华硕品牌的问卷调查任务，要求每位调查者采用便利抽样的方式，邀请同学以及朋友（仅限高校在校学生）参与调查，再由研究者视每位调查者所获取数据的质量予以奖励。这些调查者已经修读过广告以及市场调查方面的专业课

[1] BENTLER，et al. Practical Issues in Structural Equation Modeling [J]. Sociological Methods and Research，1978，15：78-117.

[2] BAGOZZI，et al. On the Evaluation of Structural Equation Model，Marketing Science [J]. 1988，16（2）：76-94.

[3] ANDERSON，et al. Structural Equation Modeling in Practice：A Review and Recommended Two-step Approach [J]. Psychological Bulletin，1988，103：411-423.

[4] 毕继东 . 负面网络口碑对消费者行为意愿的影响研究 [D]. 山东大学，2010.

[5] 荣泰生 . AMOS 与研究方法 [M]. 重庆：重庆大学出版社，2009.

程，加之调查前又由研究者对其进行过专门培训，所以在一定程度上确保了调查实施的质量。

二、被调查样本的获取

问卷调查完成后，研究者对填答质量进行了检查。首先，根据研究者以及几名专业人士的试填答情况，发现较认真填答完整份问卷的时间应在 120 秒以上，所以对填答时间低于 120 秒者进行了剔除；其次，根据调查网站提供的 IP 数据，发现有 5 个 IP 地址的出现频率在 3 次及 3 次以上，为了最大程度避免刻意虚假填答的可能，对来自于这些 IP 地址的问卷全部进行删除处理；最后，对那些答案过分趋同（如大部分问项都选“4”）的问卷进行了删除。在进行完上述检查程序后，研究者有较为充分的理由相信，进入后期分析程序的数据的真实性是值得信赖的。最终获得的有效问卷为 686 份，符合上文中对样本量的要求[1]。686 份有效问卷中，联想品牌组 353 份，华硕品牌组 333 份。

根据中国互联网络信息中心（CNNIC）发布的第 43 次《中国互联网发展状况统计报告》的数据，中国城镇网民中男性所占比例为 52.7%，女性为 47.3%[2]。这一比例与本研究中样本的性别分布情况（见表 3-12）差别不大。

表 3-12　被调查样本的性别分布情况

性别	人数	比重
男	327	47.7%
女	359	52.3%
总计	686	100%

[1] 在通过验证性因子分析进行进一步的问项精简后，本研究的主理论模型共有 31 个问项，所需估计的参数为 82 个。这样，686 的样本数就可同时满足大于 200、大于测量问项的 10 倍以及大于估计参数的 5 倍的要求。

[2] CNNIC. 第 43 次中国互联网络发展状况统计报告 [EB/OL].[2019-02-28]http：//cnnic.cnwmzx/rdxw/20172017_7056/201902/t20190228_70643.htm.

被调查样本在月均消费水平方面的分布情况见表 3–13：

表 3–13　被调查样本月均消费水平分布情况

月消费水平	人数	比重
500 元以下	70	10.2%
501—1000 元	371	54.1%
1001—1500 元	181	26.4%
1501 元以上	64	9.3%
总计	686	100%

为查证不同性别及消费水平的被试在网络搜寻动机等变量上的得分是否存在差异，研究者分别对其进行了 t 检验以及方差检验，结果显示不同性别以及不同消费水平的被试的得分在总体上差别不大，这也表明将其看做一个整体来进行后续数据分析是合适的[1]。

[1] 由于学生样本在年龄、年级等方面的差别并不大，所以无需针对这些变量进行差异检验。

第四章

数据分析及结果

在对各个变量进行验证性因子分析的基础之上，研究者利用全模型检验和嵌套模型检验的方式对前文发展的理论模型进行了验证，并对模型中各个中介变量的中介效应以及调节变量的调节效应进行了检验。

第一节　验证性因子分析

要使研究结论具有意义，首先需要确保研究中所使用的数据具有较高质量。本研究在使用结构方程技术拟合数据时选用的是极大似然估计法（maximum likelihood，ML），该方法是结构方程分析中最常用的估计方法，但它要求观察变量的数据资料必须是正态分布的。所以在进行正式分析前，需要检查数据是否为多元正态分布。研究者采用了PRELIS 软件对数据进行分析，结果如表 4–1 所示。

表 4-1 本研究中各变量的正态分布检验[1]

变量	均值	标准差	偏度 Skewness		峰度 Kurtosis		正态分布检验	
			z 值	p 值	z 值	p 值	卡方值	p 值
SUBK1	3.787	1.519	0.334	0.739	−1.430	0.153	2.156	0.340
SUBK2	4.646	1.598	−1.106	0.269	−2.245	0.025	6.263	0.044
SUBK3	3.940	1.524	0.116	0.907	−1.544	0.123	2.399	0.301
SUBK4	3.580	1.486	0.575	−1.418	−1.418	0.156	2.342	0.310
SUBK5	3.598	1.506	0.548	0.584	−1.660	0.097	3.057	0.217
OBJK1	4.660	1.394	−0.821	0.412	−1.643	0.100	3.374	0.185
AWAR1	3.812	1.549	0.247	0.805	−1.953	0.051	3.877	0.144
AWAR2	4.778	1.638	−1.404	0.160	−2.924	0.003	10.522	0.005
AWAR3	3.713	1.550	0.384	0.701	−2.006	0.045	4.171	0.124
AWAR4	3.796	1.616	0.265	0.791	−2.483	0.013	6.236	0.044
QUAL1	4.388	1.256	−0.210	0.833	−0.297	0.766	0.133	0.936
QUAL2	4.070	1.251	−0.057	0.954	−0.335	0.737	0.116	0.944
QUAL3	4.258	1.186	0.007	0.994	0.366	0.715	0.134	0.935
QUAL4	4.178	1.234	−0.031	0.975	−0.036	0.971	0.002	0.999
LOYA1	3.574	1.436	0.460	0.645	−1.531	0.126	2.557	0.278
LOYA2	3.206	1.466	1.183	0.237	−2.574	0.010	8.026	0.018
LOYA3	2.876	1.395	1.853	0.064	−3.983	0.000	19.301	0.000
COST1	3.516	1.425	0.594	0.552	−1.436	0.151	2.416	0.299
COST2	3.685	1.433	0.372	0.710	−1.423	0.155	2.163	0.339
COST3	3.548	1.398	0.488	0.625	−1.255	0.209	1.814	0.404
BENE1	5.359	1.152	−1.997	0.046	−0.591	0.554	4.337	0.114
BENE2	5.608	1.042	−2.280	0.023	−0.437	0.662	5.389	0.068

[1] 为行文简洁计，下文中利用英文字母 + 编号指代具体测量问项。前面的字母代表测量问项所属的潜变量：SUBK 代表主观产品知识、OBJK 代表客观产品知识、AWAR 代表意识或联想、QUAL 代表主观质量、LOYA 代表品牌忠诚、COST 代表网络搜寻成本、BENE 代表网络搜寻收益、MOTI 代表网络搜寻动机、ABLI 代表网络搜寻能力、INVO 代表个人卷入度；字母后的数字则代表该问项在前文中经过探索性因子分析精简后的各潜变量量表中的次序。

（续表）

变量	均值	标准差	偏度 Skewness		峰度 Kurtosis		正态分布检验	
			z 值	p 值	z 值	p 值	卡方值	p 值
BENE3	5.443	1.092	−1.967	0.049	−0.719	0.472	4.385	0.112
BENE4	5.529	1.041	−2.080	0.037	−0.815	0.415	4.993	0.082
BENE5	5.557	1.061	−2.190	0.028	−0.840	0.401	5.504	0.064
MOTI1	5.883	0.091	−3.189	0.001	−1.296	0.195	11.848	0.003
MOTI2	5.869	0.985	−3.062	0.002	−1.379	0.168	11.275	0.004
MOTI3	5.724	1.072	−2.843	0.004	−1.470	0.142	10.242	0.006
MOTI4	5.208	1.334	−1.900	0.057	−2.179	0.029	8.361	0.015
ABIL1	4.915	1.284	−0.960	0.337	−1.893	0.058	4.504	0.105
ABIL2	4.592	1.330	−0.572	0.567	−1.338	0.181	2.118	0.347
ABIL3	4.851	1.268	−0.869	0.385	−1.388	0.165	2.683	0.262
ABIL4	4.528	1.363	−0.464	0.642	−1.252	0.211	1.783	0.410
INVO1	5.618	1.438	−3.786	0.000	−3.763	0.000	28.493	0.000
INVO2	5.921	1.110	−3.945	0.000	−2.350	0.019	21.083	0.000
INVO3	4.834	1.408	−1.160	0.246	−2.058	0.040	5.580	0.061
INVO4	5.660	1.181	−2.904	0.004	−1.762	0.078	11.538	0.003
INVO5	5.041	1.375	−1.564	0.118	−1.883	0.060	5.992	0.050
INVO6	5.420	1.277	−2.366	0.018	−2.012	0.044	9.647	0.008

从表 4-1 中的结果可以看出，大多数测量问项所得到的数据均呈正态分布，但问项 SUBK2、AWAR2、AWAR4、LOYA2、LOYA3、MOTI1-MOTI4、INVO1-INVO2 以及 INVO4-INVO6 的数据为非正态分布。黄芳铭指出，由于 ML 估计法的健全性，只有当峰度的绝对值大于 25 时，才会对估计产生足够的影响。而上述非正态分布问项数据的峰度的绝对值均远低于 25[1]。侯杰泰等人亦认为，在多数情况尤其是样本未达数千的情形下，即便是变量不满足正态分布，ML 估计法仍然是适

[1] 黄芳铭. 结构方程模式：理论与应用 [M]. 北京：中国税务出版社，2005.

合的[1]。换言之，本研究的数据符合 ML 估计法的要求，并不需要对数据加以进一步的正态化处理。

Anderson 和 Gerbing 指出，与同时对测量模型和结构模型进行估计相比，事先对测量模型予以验证是更为合理和有利的[2]。所以本研究首先按理论结构将所涉及的潜变量分为若干部分，并分别对其测量模型予以验证，之后再对整体的结构模型进行拟合。

一、数据评估的步骤及标准

结合既有研究中的常用做法以及其他学者的建议，本研究在评估数据质量时采用了如下评价步骤及标准：

（一）模型设定与模型识别

邱皓政和林碧芳指出，一个 SEM 模型必须具有统计与方法上的可识别性，方能使各项估计程序与统计决策过程顺利进行[3]。在进行模型识别时，较为常用的是 Bollen 提出的必要但非充分的识别法则—— t 法则（t-Rule）[4]。t 值代表模型中的自由估计参数数目，一个 SEM 若需达到可识别水平，必须符合下述关系式：$t \leqslant (q)(q+1)/2=DP$[5]。简单来说，就是自由估计参数的数目要小于或等于测量数据点的数目（the number of data points，DP）。

（二）模型估计与整体拟合度评估

对理论模型进行整体评估之前，首先需要观察 Bagozzi 和 Yi 所提出的结构模型的 6 个基本拟合标准：（1）不能有负的误差变异数存在；

[1] 侯杰泰，温忠麟，成子娟．结构方程模型及其运用 [M]. 北京：教育科学出版社，2004.

[2] ANDERSON，et al. Structural Equation Modeling in Practice：A Review and Recommended Two-step Approach [J]. Psychological Bulletin，1988，103：411-423.

[3] 邱皓政，林碧芳．结构方程模型的原理与应用 [M]. 北京：中国轻工业出版社，2009.

[4] BOLLEN，K A. Structural Equations with Latent Variaables [M]. Ney York：Wiley，1989.

[5] q 为测量变量的数目。

（2）误差变异必须达到显著水平；（3）标准化系数不能超过或太接近1（通常以0.95为门槛）；（4）估计参数间相关系数的绝对值不能太接近于1；（5）因子负荷量最好介于0.50到0.95之间；（6）没有太大的标准误[1]。正如黄芳铭所指出的，只有在上述几个基本拟合标准符合时，研究者才可以进一步观察整体模型拟合标准与模型内在结构拟合标准[2]。

要确保模型可以识别，在上述6个基本拟合标准之外，还需注意理论模型是否符合验证性因子分析模型识别的3指标经验规则：每一个潜变量均有3个以上的测量指标；每个指标只测量一个特质潜变量，没有横跨因子现象；且特殊因子之间相互独立[3]。

在对结构方程模型的具体运用中，存在为数不少的模型整体拟合度指标。参照学者们的建议，本研究选择使用以下几种拟合度指标来评价模型的优劣：

1. 卡方值及卡方自由度比

SEM分析中，最常用的模型评价方式就是卡方检验（χ^2）。卡方值到达显著水平就代表虚无假设不成立，模型拟合度不佳；反之则代表虚无假设成立，模型的拟合度良好。由于卡方值会因样本数的增多而产生较大波动，所以学者们经常用卡方自由度比（χ^2/df）作为检验模型适合度的指标。在卡方自由度比上，本研究采纳1–5即可视模型拟合较优的标准[4]。

[1] BAGOZZI，et al. On the Evaluation of Structural Equation Model，Marketing Science [J]. 1988，16（2）：76–94.

[2] 黄芳铭．结构方程模式：理论与应用[M]. 北京：中国税务出版社，2005.

[3] 毕继东．负面网络口碑对消费者行为意愿的影响研究[D]. 山东大学，2010.

[4] 吴明隆．结构方程模型：AMOS的操作与应用[M]. 重庆：重庆大学出版社，2010.

2. GFI 与 AGFI

GFI 即拟合指数（goodness-of-fit index），它表明了假设模型可以解释观察数据的方差与协方差的比例。GFI 值越接近 1，表示模型的拟合度越高；而 GFI 值越小，则表示模型的拟合度越低[1]。

AGFI（adjusted GFI）是计算 GFI 时，加入自由度所得出的模型拟合指数。邱皓政和林碧芳认为，GFI 和 AGFI 大于 0.90 表示模型拟合良好[2]。本研究采用相对更严格的 GFI 和 AGFI 均需大于 0.90 的标准。

3. NFI 与 NNFI

NFI（normed fit index，即正规拟合指数）的原理是计算假设模型的卡方值与虚无模型的卡方值的差异量，可以视为是某一个假设模型比起最糟糕模型的改善情况。

研究者们在 NFI 的基础上考虑了自由度的影响，提出了可以避免模型复杂度影响的 NNFI（non-normed fit index，即非正规拟合指数）模型[3]。Hu 和 Bentler 认为，NFI 和 NNFI 的数值越大表示拟合度越佳，大于 0.90 才可以被视为具有理想的拟合度，本研究采用这一标准[4]。

4. RMSEA 与 CFI

RMSEA 是平均概似平方误根系数（root mean square error of approximation）的简称，RMSEA 指数越小，表示模型拟合度越佳。在评价 RMSEA 时，本研究所采用的是黄芳铭建议的标准：0.05 到 0.08 为“不错”，0.08 到 0.10 则是“中等”，大于 0.10 则表示“不良”[5]。

CFI（nomparative-fit index）反映了假设模型与无任何共变关系的

[1] 邱皓政，林碧芳. 结构方程模型的原理与应用[M]. 北京：中国轻工业出版社，2009.

[2] 邱皓政，林碧芳. 结构方程模型的原理与应用[M]. 北京：中国轻工业出版社，2009.

[3] 邱皓政，林碧芳. 结构方程模型的原理与应用[M]. 北京：中国轻工业出版社，2009.

[4] HU，LI - TZE，BENTLER P M. Cutoff criteria for fit indexes in covariance structure analysis : Conventional criteria versus new alternatives[J]. Structural Equation Modeling，1999，6（1）：1–55.

[5] 黄芳铭. 结构方程模式：理论与应用[M]. 北京：中国税务出版社，2005.

独立模型差异程度的量数，也考虑到被检验模型与中央卡方分布的离散性。在评价 CFI 值时，一般以 0.95 为通用的门槛[1]。

5. SRMR

SRMR 是标准化残差均方根指数（standardized root mean square residual）的简称，该指标反映的是理论模型的整体残差。SRMR 的数值介于 0 到 1 之间，当其低于 0.08 时，表示模型的拟合度较佳。本研究采用这一标准。

6. CN

CN 即关键样本指数（critical N），用以说明样本规模的适切性。Hoelter（1983）认为，当 CN 指数大于 200 时，表示理论模型可以适当地反映样本的数据，本研究采用这一标准。

（三）模型的内部拟合检验

正如邱皓政和林碧芳所言，在评价一个测量模型可否被接受以及参数估计的优劣好坏时，除了从模型的整体拟合来看，还必须从模型的内在质量来衡量每一个潜变量的适切性，也即内部拟合[2]。在具体做法上，内部拟合水平可以通过单个测量项目的信效度以及潜变量测量的信效度来反映。

虽然前文已经使用探索性因子分析进行过测量工具的信效度检验，但使用探索性因子分析评价信效度还具有一定的学术争议。因为探索性因子分析对结构效度提供的是必要而非充分的信息，即无法提供结构效度的理论说明，所以研究者们更倾向于采用验证性因子分析来进行信效度的评估[3]。叶乃沂也指出，虽然探索性因子分析在一定程度上

[1] 邱皓政，林碧芳 . 结构方程模型的原理与应用 [M]. 北京：中国轻工业出版社，2009.
[2] 邱皓政，林碧芳 . 结构方程模型的原理与应用 [M]. 北京：中国轻工业出版社，2009.
[3] 黄芳铭 . 结构方程模式：理论与应用 [M]. 北京：中国税务出版社，2005.

能够对测量效度进行检验，但学者们认为验证性因子分析（CFA）在结构效度的研究中更能发挥重要的作用[1]。所以不少研究在分析效度时，采用了探索性因子分析与验证性因子分析并重的办法，以对数据质量进行“双重验证”。本研究所使用的量表虽然大都来源于既有文献中的成熟量表，但对其中的一些项目也根据本研究的特点作出过修改。为了确保量表的有效性，本研究亦主张在探索性因子分析的基础上，对各潜变量的测量模型进行进一步的内部拟合评价。

1. 单个测量项目的信度及效度

本部分所考虑的是每个项目的信度，即每个观测指标被潜变量所能解释的程度。在结构方程模型的相关研究中，用以检验建构潜变量的测量问项信度的指标为多元相关平方值 SMC（squared multiple correlations，即 R^2）。SMC 越高，表示真分数所占的比重越高，信度越高；反之则表示真分数所占的比重越低，信度越低。Hair 等人以及 Bagozzi 和 Yi 对个别指标的信度要求提出了较高的标准，认为该值需要大于 0.50[2,3]。但这种严格性常常会使所建构的指标无法达到要求，所以对于广义的结构方程模型而言，对单个测量项目宜于采用相对宽松的信度标准。Bollen 所提议的做法是：只要 t 值大到显著，信度指标就可以接受。黄芳铭认为，实际运用中只要项目的标准化负荷值大于 0.50，且 t 值达到显著即可[4,5]。Bentler 和 Wu 则提出，单个信度指标大于 0.20 即可以接受[6]。

[1] 叶乃沂．消费者感知风险及上网购物行为研究 [D]. 西南交通大学，2008.

[2] HAIR，J F JR，ANDERSON，et al. Multivariate Data Analysis [M]. Prentice Hall International：UK，1998.

[3] BAGOZZI，et al. On the Evaluation of Structural Equation Model，Marketing Science [J]. 1988，16（2）：76−94.

[4] BOLLEN，K A. Structural Equations with Latent Variaables [M]. Ney York：Wiley，1989.

[5] 黄芳铭．结构方程模式：理论与应用 [M]. 北京：中国税务出版社，2005.

[6] BENTLER，P M，WU，et al. EQS/Windows User's Guide [M]. Los Angeles：BMDP Statistical Software，1993.

单个测量项目的效度可以用标准化因子负荷值来反映，Hair 等人认为，一个足够大的标准化因子负荷值代表着该问项具有良好的收敛效度[1]。在具体标准方面，Hair 等人以 0.71 作为初始门槛，而 Tabachnick 和 Fidell 则认为，≥ 0.55 即可声称良好。考虑到社会科学研究的特殊性，邱皓政和林碧芳（2009）建议采纳后一种标准[2]。本研究亦持此种观点。此外，Bollen 指出，个别测量项目在其潜变量上的自由度为 1，所以 t 值的绝对值必须大于 1.96[3]。

2. 潜变量的信度及收敛效度

组合信度（composite reliability，CR）是 Fornell 和 Larker 基于 SMC 的概念上提出来的，它是类似于 Cronbach's alpha 的针对潜变量的信度指标[4]。Bagozzi 和 Yi 以及 Fornell 和 Larker 均建议，CR 达到 0.60 时就可以接受，本研究采纳这一标准[5,6]。

平均方差萃取量（average variance extracted，AVE）可以反映一个潜变量能被一组观察变量有效估计的收敛程度。研究者们通常同时运用平均方差萃取量以及组合信度来评价潜变量的收敛效度（construct validity）。邱皓政和林碧芳（2009）认为，当 AVE 值大于 0.50 时，就表示潜变量的收敛能力十分理想，具有良好的操作性[7]。本研究采用这一标准[8]。

[1] HAIR，J F JR，ANDERSON，et al. Multivariate Data Analysis [M]. Prentice Hall International：UK，1998.

[2] 邱皓政，林碧芳 . 结构方程模型的原理与应用 [M]. 北京：中国轻工业出版社，2009.

[3] BOLLEN，K A. Structural Equations with Latent Variaables [M]. Ney York：Wiley，1989.

[4] FORNELL，CLAES，DAVID F LARCKER. Evaluating Structural Equation Models with Unobervable Variables and Measurement Error [J]. Journal of Marketing Research，1980，18（1）：39–50.

[5] BAGOZZI，R P，YI，et al. On the Evaluation of Structural Equation Model [J]. Marketing Science，1988，16（2）：76–94.

[6] FORNELL，CLAES，DAVID F LARCKER. Evaluating Structural Equation Models with Unobervable Variables and Measurement Error [J]. Journal of Marketing Research，1980，18（1）：39–50.

[7] 邱皓政，林碧芳 . 结构方程模型的原理与应用 [M]. 北京：中国轻工业出版社，2009.

[8] LISREL 软件并不直接提供 CR 值与 AVE 值的输出，本研究中的 CR 值和 AVE 值均根据 Fornell 和 Larker（1981）所提供的公式计算得出。

3. 潜变量的区分效度

Hair 等人认为，在收敛效度之外，潜变量之间还必须具有一定的区分效度（discriminant validity），也就是说，不同的构念之间必须能够分离[1]。本研究采用 Fornell 和 Larker 所提出的平均变异萃取量比较法来检验区分效度。该方法是比较 2 个潜变量的 AVE 平均值与相关系数的平方，如果前者大于后者，则说明 2 个潜变量之间具有较佳的区分效度。

二、品牌知识部分潜变量的验证性因子分析

考虑到探索性因子分析的结果曾显示主观质量与品牌忠诚所含的 7 个测量问项可以共同组成一个因子，所以在下文的一阶三因素测量模型之外，研究者针对品牌知识部分潜变量还提出了一个一阶二因素的竞争模型（由问项 AWAR1–AWAR4 建构意识联想因子、由问项 QUAL1–QUAL3 和 LOYA1–LOYA3 共同建构质量忠诚因子），分析结果显示，一阶三因素模型的拟合质量要远高于一阶二因素的竞争模型（χ^2=1081.06，df=43，p=0.00，RMSEA=0.188），这表明由意识联想等 3 个潜变量代表品牌知识是更为合适的。

1. 模型设定及识别

本部分模型由意识联想、主观质量以及品牌忠诚 3 个潜变量构成，其测量问项的数目分别为 4 个、4 个及 3 个。根据 t 规则，本模型中共有测量问项 11 个，故测量数据点（DP）为 11×（11+1）/2=66 个，而模型中需要估计的参数包括因子载荷 11 个、测量误差 11 个以及相关系数 3 个，所以模型的自由度为 41，符合 t 规则。此外，本模型亦能通过 3 指标经验规则，所以理论模型是可以识别的。

[1] HAIR，J F. JR，BLACK，et al. Multivariate Data Analysis [M]. Upper Saddle River，NJ：Prentice–Hall，2006.

2. 模型估计及拟合度评估

采用极大似然法对测量模型进行拟合，得出了图 4–1 所示的初步拟合结果。首先根据 Bagozzi 和 Yi 提出的模型基本拟合标准对拟合结果予以检查[1]，发现这些标准均能得到满足。

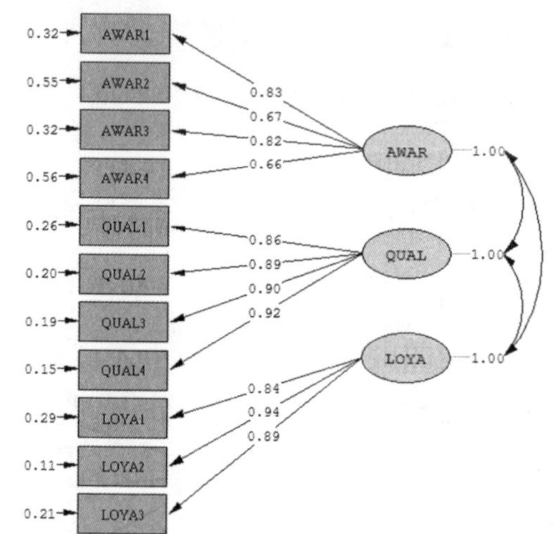

图 4–1　品牌知识部分潜变量的验证性因子分析模型

其次，检视整体拟合指标，发现 GFI 等指标符合要求，但卡方自由度比（5.64）以及 CN 值（194.56）稍低于可接受标准，所以考虑对测量模型进行修正。再者，观察 LISREL 提供的 MI（modification indices）指数，发现最大的 MI 值（68.08）落在问项 LOYA2 与 LOYA3 的测量误差之间，回顾具体的问项语句，LOYA2 为“×× 品牌的产品将会是我的第一选择”，LOYA3 为“如果 ×× 品牌的产品有卖，我不会选择别的品牌”，虽然二者所考察的维度不同，但在被调查者没有对语句进行仔细考虑的情况下可能难以觉察出二者的区别，所以在实际效果上造成了一些相关。基于此，研究者释放了 2 个测量问项间测量

[1] BAGOZZI, et al. On the Evaluation of Structural Equation Model, Marketing Science [J]. 1988, 16（2）: 76–94.

误差相关为零的约束，对测量模型进行了第 2 次拟合。

第 2 次拟合的结果如图 4–2 和表 4–2 所示，在减少了 1 个自由度之后，卡方自由度比以及 CN 值均得到了较大改善，其他主要拟合指标也均达到了可接受的标准，说明测量模型可以接受。考虑到问项 LOYA1 和 LOYA2 所考察的维度各不相同，相互间的相关也不高，为了保证建构品牌忠诚潜变量的测量问项达到 3 个，最终的测量模型对这 2 个问项均予以保留。

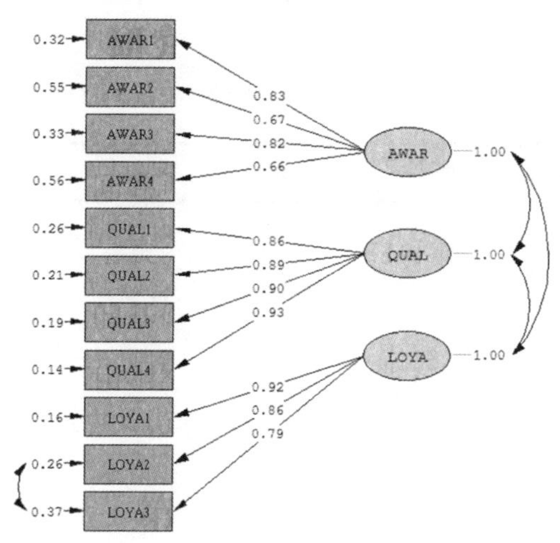

图 4–2　品牌知识部分潜变量的验证性因子分析模型（修正后）

表 4–2　品牌知识部分模型的主要拟合指标（修正后）

χ^2/df	GFI	AGFI	NFI	NNFI	CFI	RMSEA	SRMR	CN
3.90	0.96	0.93	0.99	0.98	0.99	0.065	0.041	267.30

3. 信度及效度评估

从表 4–2 可以看出，各个测量问项的信度均达到 Bentler 和 Wu 以及黄芳铭所提出的标准[1,2]。此外,各项目的标准化因子负荷值(均高于0.55的水平，且 t 值均大于1.96，这表明单个项目的信度和效度均达到了可以接受的水平。

为进一步检验各个潜变量的信度和收敛效度，根据Fornell和Larcker所推荐的运算公式,对其建构信度(CR)及平均方差抽取量(AVE)进行了计算[3]。以Fornell和Larcker(1981)所建议的CR值应高于0.60、AVE值应高于0.50的标准来看，各潜变量的信度及收敛效度均达到了较佳水平(见表4-3)。

表4-3 品牌知识部分潜变量的验证性因子分析结果

潜变量	测量问项	标准化 λ	t 值	SMC	CR	AVE
品牌意识或联想	AWAR1	0.83	24.82	0.68	0.835	0.5615
	AWAR2	0.67	18.61	0.45		
	AWAR3	0.82	24.57	0.67		
	AWAR4	0.66	18.44	0.44		
主观质量	QUAL1	0.86	28.00	0.74	0.9417	0.8017
	QUAL2	0.89	29.62	0.89		
	QUAL3	0.90	30.23	0.81		
	QUAL4	0.93	31.59	0.86		
品牌忠诚	LOYA1	0.92	29.46	0.84	0.8932	0.7367
	LOYA2	0.86	26.77	0.74		
	LOYA3	0.79	23.64	0.63		

[1] BENTLER, P M, WU, et al. EQS/Windows user's guide [M]. Los Angeles: BMDP Statistical Software, 1993.

[2] 黄芳铭.结构方程模式：理论与应用[M].北京：中国税务出版社，2005.

[3] FORNELL, CLAES, DAVID F LARCKER. Evaluating Structural Equation Models with Unobervable Variables and Measurement Error [J]. Journal of Marketing Research, 1980, 18(1): 39-50.

三、主观知识潜变量的验证性因子分析

由于主观知识等其他部分潜变量的验证性因子分析的操作过程与前述品牌知识部分潜变量基本一致，为简约计，下文在进行验证性因子分析时将只呈现分析结果，其中经修正者的具体修正过程均列于附录部分。经过模型设定、模型拟合以及1次修正之后，最终得到的主观知识潜变量的验证性因子结果如图4–3和表4–4所示。

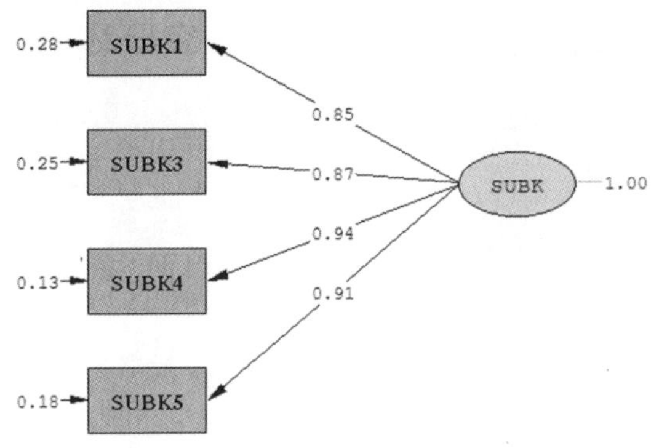

图4–3　主观知识潜变量的验证性因子分析模型（修正后）

表4–4　主观知识模型的主要拟合度检验指标（修正后）

χ^2/df	GFI	AGFI	NFI	NNFI	CFI	RMSEA	SRMR	CN
5.27	0.99	0.96	1	0.99	1	0.079	0.0091	606.62

从表4–4、表4–5可以看出，单个项目的信度和效度均达到了可以接受的水平，主观知识潜变量的信度及收敛效度亦均达到了较佳水平。

表4–5　主观知识潜变量的验证性因子分析结果

潜变量	测量问项	标准化 λ	t 值	SMC	CR	AVE
主观知识	SUBK1	0.86	27.58	0.74	0.8981	0.6911
	SUBK3	0.65	18.70	0.43		
	SUBK4	0.89	29.20	0.80		
	SUBK5	0.90	29.82	0.82		

四、搜寻成本、搜寻收益潜变量的验证性因子分析

经过模型设定以及模型拟合，发现搜寻成本以及搜寻收益部分潜变量的测量模型无需加以删改。具体结果见图 4–4 及表 4–6。

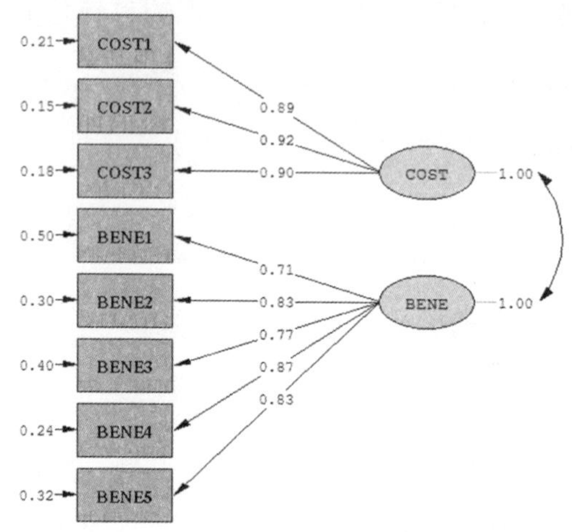

图 4–4　搜寻成本与收益潜变量的验证性因子分析模型

表 4–6　搜寻成本与收益模型的主要拟合度指标

χ^2/df	GFI	AGFI	NFI	NNFI	CFI	RMSEA	SRMR	CN
4.68	0.97	0.94	0.98	0.98	0.98	0.073	0.027	278.50

从表 4–7 可以看出，单个项目的信度和效度均达到了可以接受的水平，搜寻成本与搜寻收益潜变量的信度及收敛效度亦均达到了较佳水平。

表 4–7　搜寻成本与收益潜变量的验证性因子分析结果

潜变量	测量问项	标准化 λ	*t* 值	SMC	CR	AVE
搜寻成本	COST1	0.89	29.33	0.79	0.9302	0.8162
	COST2	0.92	30.94	0.85		
	COST3	0.90	30.00	0.82		

（续表）

潜变量	测量问项	标准化 λ	t 值	SMC	CR	AVE
搜寻收益	BENE1	0.71	20.62	0.50	0.9009	0.6463
	BENE2	0.83	26.10	0.70		
	BENE3	0.77	23.37	0.60		
	BENE4	0.87	28.00	0.76		
	BENE5	0.83	25.76	0.68		

五、搜寻动机、搜寻能力潜变量的验证性因子分析

经过模型设定、模型拟合以及 1 次修正之后，最终得到的搜寻动机和搜寻能力部分潜变量的验证性因子结果如图 4–5 和表 4–8 所示。

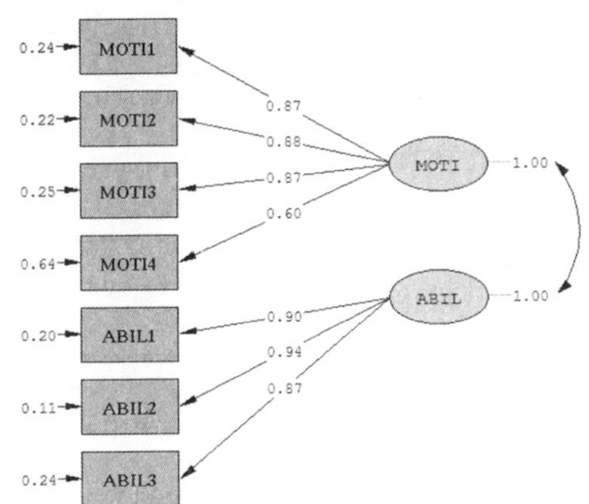

图 4–5　搜寻动机与能力潜变量的验证性因子分析模型（修正后）

表 4–8　搜寻动机和能力模型的主要拟合度指标（修正后）

χ^2/df	GFI	AGFI	NFI	NNFI	CFI	RMSEA	SRMR	CN
4.86	0.97	0.94	0.98	0.98	0.99	0.075	0.040	309.05

从表 4–9 中所列数据可以看出，单个项目的信度和效度均达到了可以接受的水平，搜寻动机与搜寻能力部分潜变量的信度及收敛效度亦均达到了较佳水平。

表 4–9 搜寻动机与能力潜变量的验证性因子分析结果

潜变量	测量问项	标准化 λ	t 值	SMC	CR	AVE
搜寻动机	MOTI1	0.87	27.84	0.76	0.8847	0.6621
	MOTI2	0.88	28.43	0.78		
	MOTI3	0.87	27.62	0.75		
	MOTI4	0.60	16.54	0.36		
搜寻能力	ABIL1	0.90	29.66	0.80	0.9304	0.8168
	ABILI2	0.94	32.26	0.89		
	ABILI3	0.87	28.37	0.76		

六、个人卷入度潜变量的验证性因子分析

经过 2 次修正，最终得到的主观知识潜变量的验证性因子结果如图 4–6 和表 4–10 所示。

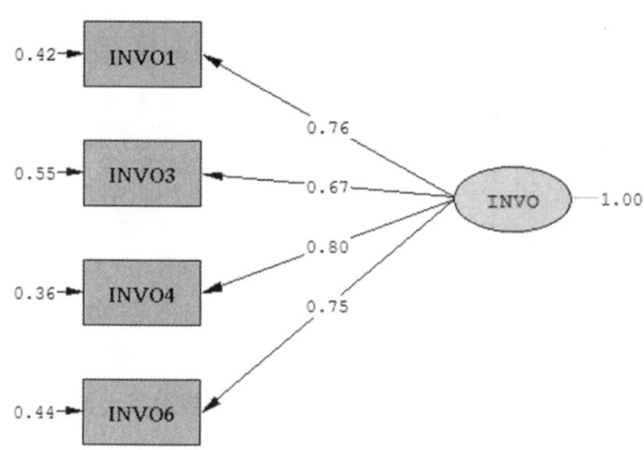

图 4–6 个人卷入度潜变量的验证性因子分析模型（第 2 次修正）

表 4–10 个人卷入度模型的主要拟合度指标（第 2 次修正）

χ^2/df	GFI	AGFI	NFI	NNFI	CFI	RMSEA	SRMR	CN
3.78	0.99	0.97	0.99	0.99	1	0.064	0.015	812.91

从表 4–11 可以看出，单个项目的信度和效度均达到了可以接受的水平，个人卷入度潜变量的信度及收敛效度亦均达到了较佳水平。

表 4–11　个人卷入度潜变量的验证性因子分析结果

潜变量	测量问项	标准化 λ	*t* 值	SMC	CR	AVE
个人卷入度	INVO1	0.76	21.55	0.58	0.8337	0.5573
	INVO3	0.67	18.31	0.45		
	INVO4	0.80	23.07	0.64		
	INVO6	0.75	21.08	0.56		

七、各个潜变量的之间的区分效度

Hair 等人指出，除了保证收敛效度之外，验证性因子分析的估计结果所得到的潜变量也必须具有区分效度[1]。为保证本研究理论模型的各个理论构念之间具有足够的区分效度，本研究采用了相关系数的区间估计法对任意 2 个潜变量的区分效度进行了考察。具体计算方式为：如果 2 个潜变量的 95% 的置信区间（confidence interval）涵盖了 1.00，则表明 2 个潜变量所代表的理论构念之间缺乏区分力。

表 4–12 中列出了各个潜变量之间的相关系数和标准误，经过计算，任意 2 个变量间相关系数的 95% 的置信区间（95%CI）均未涵盖 1.00，也就是说，任意 2 个理论构念之间均具备足够的区分效度。以最大的相关系数 0.78（主观质量与品牌忠诚潜变量的相关系数）为例，其标准误为 0.02，则其 95% 的置信区间的计算过程为：

$$95\%CI = 0.78 \pm 1.96 \times (0.02) = 0.78 \pm 0.0392 = 0.7408 \sim 0.8192$$

可以看出，最终数值并未涵盖 1.00，说明该相关系数显著不等于 1.00。即主观质量和品牌忠诚这 2 个潜变量之间具有理想的区分效度。

[1] HAIR，J F JR，ANDERSON，et al. Multivariate Data Analysis [M]. Prentice Hall International：UK，1998.

表 4-12 本研究中各个潜变量之间的相关系数矩阵

变量		OBJK	SUBK	AWAR	QUAL	LOYA	COST	BENE	ABIL	MOTI
	相关	0.42***								
SUBK	标准误	0.05								
	t 值	7.79								
	相关	0.19***	0.48***							
AWAR	标准误	0.06	0.03							
	t 值	3.32	14.36							
	相关	0.02	0.22***	0.62***						
QUAL	标准误	0.05	0.04	0.03						
	t 值	0.33	5.82	21.85						
	相关	−0.12*	0.16***	0.59***	0.78***					
LOYA	标准误	0.06	0.04	0.03	0.02					
	t 值	−2.18	3.82	18.85	41.74					
	相关	−0.13*	−0.04	−0.11*	−0.13***	−0.10*				
COST	标准误	0.06	0.04	0.04	0.04	0.04				
	t 值	−2.38	−0.89	−2.52	−3.35	−2.30				
	相关	0.14*	0.16***	0.25***	0.27***	0.10*	−0.17***			
BENE	标准误	0.06	0.04	0.04	0.04	0.04	0.04			
	t 值	2.56	3.95	6.19	6.90	2.31	−4.32			
	相关	0.18**	0.57***	0.39***	0.21***	0.13**	−0.08*	0.36***		
ABIL	标准误	0.05	0.03	0.04	0.04	0.04	0.04	0.04		
	t 值	3.22	20.29	10.67	5.37	3.06	−1.96	9.84		
	相关	0.18**	0.15***	0.36***	0.17***	0.02	−0.19*	0.61***	0.37***	
MOTI	标准误	0.06	0.04	0.04	0.04	0.04	0.04	0.03	0.04	
	t 值	3.21	3.81	9.39	4.24	0.54	−1.96	21.96	10.41	
	相关	0.11	0.28***	0.26***	0.20***	0.08	0.06	0.36***	0.32***	0.36***
INVO	标准误	0.06	0.04	0.04	0.04	0.04	0.04	0.04	0.04	0.04
	t 值	1.86	6.94	6.03	4.75	1.78	1.28	9.38	8.06	9.39

注: *表示在0.01的水平上达到显著(t>1.96),**表示在0.05的水平上达到显著(t>2.58),***表示在0.001的水平上达到显著（ t>3.29 ）。

八、对共同方法变异的检验

由于本研究是通过问卷调查以自我报告（self-report）的方式来获取研究数据的，同样的评分者及测量环境等可能会造成变量之间的人为共变。这也就是 Podsakoff 和 Orga 所指出的共同方法变异（common method variance，CMV）问题[1]。为了预先对共同方法变异问题予以控制，本研究在获取数据时采用了改进量表项目、平衡项目分布、匿名调查、向被调查者保证数据仅供学术研究之用、申明问题均无标准答案而凭个人主观感受填答即可等处理方式。而为验证共同方法变异问题是否得以有效控制，本研究首先采用了 Harman 的单因子分析法来进行事后检验。此种检验方式的假定在于，如果数据存在严重的共同方法差异，那么要么因子分析将只得出 1 个因子，要么 1 个公因子将解释大部分的变异。研究者对所有测量问项进行未经旋转处理的探索性因子分析，发现产生了 8 个因子，所解释的方差总共为 75.265%。而第 1 个因子所解释的方差为 26.587%，很明显并未达到过大的比例。

因为有研究者指出 Harman 单因子法对共同方法变异的检验有宽松之嫌，所以本研究又使用了 Korsgaard 和 Roberson 所提出的验证性因子分析的检验手段[2]。此种方法的基本假定是：如果方法变异是形成量表间共同变异的主要原因，CFA 就将显示出单因子模型的拟合度与假设模型处于同等水平。研究者对单因子模型和假设模型分别进行了验证性因子分析，结果显示，单因子模型的拟合水平并不好（卡方值 =21162.98，卡方自由度比 =40.2，GFI=0.35，SRMR=0.19，RSMEA=0.239），且大

[1] PODSAKOFF，P M. Self-Reports in Organizational Research：Problems and Prospects [J]. Journal of Management，1986，12（4）：531-544.

[2] ROBERSON L. Procedural justice in performance evaluation：the role of instrumental and non-instrumental voice in performance appraisal discussions [J]. Journal of Management，1995，21（4）：657-669.

大劣于假设模型的拟合水平（χ^2=1075.77，χ^2/df=2.20，GFI=0.92，SRMR=0.040，RSMEA=0.042）。经过上述的2次检测，虽然无法完全排除共同方法变异的威胁，但至少能够确保本研究中并未出现较严重的共同方法变异问题，所以无需采用针对共同方法变异的事后补救手段。

第二节　结构方程分析结果

在对进入主理论模型的各个潜变量（不包括调节变量个人卷入度）进行过验证性因素分析之后，根据前文所发展出的各条理论假设建构结构方程模型，并对其加以验证。

一、模型设定及模型识别

主理论模型包括意识联想、主观质量、品牌忠诚、主观知识、客观知识[1]、网络搜寻成本、网络搜寻收益、网络搜寻能力和网络搜寻动机等9个潜变量，构成这些潜变量的测量问项分别为4个、4个、3个、4个、1个、3个、5个、3个以及4个。根据t规则，测量数据点（DP）为31×（31+1）/2=496个，而需要估计的参数为82个，所以符合t规则。此外，在客观知识潜变量之外，本模型的所有潜变量均由3个或3个以上的测量指标构成，所以亦符合模型识别的3指标经验规则。最后，主理论模型是一个递归模型，外生潜变量与内生潜变量之间都是单向因果关系而非双向因果关系。所以从整体上看，理论模型是可以识别的。

[1] 客观知识这一理论构念由OBJK1这1个测量问项所代表。由于LISREL软件不支持在观测问项与潜变量之间建立路径关系，按照侯杰泰等人（2004）的建议，由问项OBJK1单独建构客观知识理论构念，并固定其因子负荷系数为1，测量误差为0。

二、模型估计及拟合度评估

采用极大似然法对模型进行拟合，得出了图 4–7 所示的拟合结果。

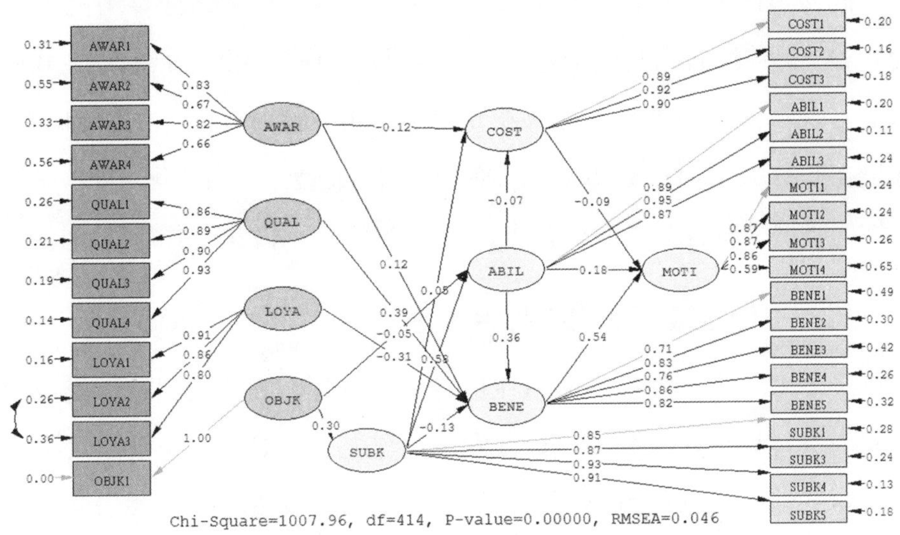

图 4–7　主理论模型第 1 次拟合结果（标准化）

首先根据 Bagozzi 和 Yi 提出的模型基本拟合标准对拟合结果予以检查，发现各项标准均得以满足[1]。接下来检视模型的整体拟合指标，卡方值为 1007.96（p=0.00），如上文所述，因为卡方值受大样本的影响极为显著，所以继续检视其他主要拟合指标（见表 4–13）。

表 4–13　主理论模型的主要拟合度指标

χ^2/df	GFI	AGFI	NFI	NNFI	CFI	RMSEA	SRMR	CN
2.43	0.91	0.90	0.97	0.98	0.98	0.046	0.096	324.29

可以看出，除了 SRMR 值稍劣于优良标准（0.80）之外[2]，卡方自由度比、GFI、AGFI、NFI、NNFI、RMSEA 以及 CN 值等均达到了优良

[1] BAGOZZI，R P，YI，et al. On the Evaluation of Structural Equation Model [J]. Marketing Science 1988，16（2）：76–94.

[2] 事实上，本研究所设定的 SRMR 值的接受标准相对较高，如白新文和陈毅文即认为，只要 SRMR 小于 0.10 即为好的拟合。详见：白新文，陈毅文 . 测量等价性的概念及其判定条件 [J]. 心理科学进展，2004（02）：231–239.

水准。所以综合来判断，理论模型的拟合已经达到了优良水平，无需对模型进行进一步的修正。

此外，根据主理论模型的拟合结果，可以得出网络搜寻动机的 R^2 为 0.39。冯臻综合了其他学者关于多元回归的研究建议：R^2 如果在 0.67 以上，表示为较高水平；如果在 0.33 到 0.67 之间，表示在中等水平；如果在 0.33 以下但在 0.15 以上，亦表示尚可接受[1]。由此可见，本研究的结构模型是符合要求的，亦能表示测量模型具有较佳的预测能力。

三、主理论模型的内在拟合水平

接下来对主理论模型的内在拟合水平即各个测量问项及潜变量的信效度进行评估。检视各指标，发现均与上文中对各部分潜变量单独进行验证性因子分析时得到的结果非常接近，故不再将这些指标集中列出。具体而言，各个测量问项的信度均达到 Bentler 和 Wu[2] 以及黄芳铭[3] 所提出的标准，说明各个问项的信度水平可以接受；各项目的标准化因子负荷值均高于 0.55 的水平，t 值均大于 1.96，这表明单个项目的信度和效度均达到了可以接受的水平；以各潜变量的 CR 值均高于 0.60、AVE 值均高于 0.50 的标准来看，各潜变量的信度及收敛效度均达到了较佳水平。

四、对各条路径系数的评估

主理论模型一共涉及到 14 条影响路径，这些路径的路径系数及显著性检验见表 4–14。

[1] 冯臻．影响企业社会责任行为的路径——基于高层管理者的研究 [D]. 复旦大学，2010.

[2] BENTLER，P M，WU，et al. EQS/Windows user's guide [M]. Los Angeles：BMDP Statistical Software，1993.

[3] 黄芳铭．结构方程模式：理论与应用 [M]. 北京：中国税务出版社，2005.

表 4–14　主理论模型中各条路径系数及其显著性检验

影响路径	系数	标准系数	标准误	T 值	P 值
网络搜寻能力→网络搜寻动机	0.18	0.16	0.04	4.88	***
网络搜寻收益→网络搜寻动机	0.54	0.54	0.04	12.46	***
网络搜寻成本→网络搜寻动机	−0.09	−0.09	0.03	−2.61	**
网络搜寻能力→网络搜寻成本	−0.07	−0.07	0.05	−1.45	N.S.
网络搜寻能力→网络搜寻收益	0.36	0.36	0.05	7.26	***
意识联想→网络搜寻收益	0.12	0.12	0.06	2.13	*
意识联想→网络搜寻成本	−0.12	−0.12	0.04	−2.79	**
主观质量→网络搜寻收益	0.39	0.39	0.08	5.19	***
品牌忠诚→网络搜寻收益	−0.31	−0.31	0.07	−4.14	***
主观产品知识→网络搜寻能力	0.58	0.58	0.04	14.67	***
主观产品知识→网络搜寻收益	−0.13	−0.13	0.05	−2.78	**
主观产品知识→网络搜寻成本	0.05	0.05	0.05	1.07	N.S.
客观产品知识→主观产品知识	0.21	0.21	0.03	7.80	***
客观产品知识→网络搜寻能力	−0.05	−0.05	0.03	−1.30	N.S.

注: *代表在 0.01 的水平上达到显著，**表示在 0.05 的水平上达到显著，***表示在 0.001 的水平上达到显著，N.S. 表示未通过显著性检验。

五、主理论模型中各条假设的验证

由于本研究的部分解释变量之间存在较高的相关，这就提示本研究的数据间可能存在多重共线性问题（multicollinearity）。Niehoff 和 Moorman（1993）指出，当研究者遇到此类问题时，可以采用嵌套模型法（nested–model analysis，又称巢模式法）对理论假设进行检验。而关于嵌套模型，Widaman 和 Thompson（2003）指出，模型 M_k 嵌套于模型 M_t 需要满足 2 个条件：M_k 所需估计的参数少于 M_t，所以 M_k 的自由度更高；

M_k 不应包括 M_t 中未出现过的参数。在本研究中，即需在虚无模型（M_0）与研究者所提出的理论模型（M_t）之间设定 14 个嵌套模型（M_k，K=1、2、…14），分别验证主理论模型中的 14 个理论假设。

具体而言，理论模型 M_t 是按照本研究的理论观点而发展出来的模型，即图 4–7 所示的经证实具有较佳拟合水平的本研究的主理论模型；虚无模型 M_0 是指将潜变量之间的路径系数均限定为 0 的模型，该模型的拟合水平最差，可以作为比较其他模型的基础。14 个嵌套模型分别为：模型 M_1 用来验证网络搜寻能力对网络搜寻动机的影响；模型 M_2 用来验证网络搜寻收益对网络搜寻动机的影响；模型 M_3 用来验证网络搜寻成本对网络搜寻动机的影响；模型 M_4 用来验证网络搜寻能力对网络搜寻成本的影响；模型 M_5 用来验证网络搜寻能力对网络搜寻收益的影响；模型 M_6 用来验证意识联想对网络搜寻收益的影响；模型 M_7 用来验证意识联想对网络搜寻成本的影响；模型 M_8 用来验证主观质量对网络搜寻收益的影响；模型 M_9 用来验证品牌忠诚对网络搜寻收益的影响；模型 M_{10} 用来验证主观产品知识对网络搜寻能力的影响；模型 M_{11} 用来验证主观产品知识对网络搜寻收益的影响；模型 M_{12} 用来验证主观产品知识对网络搜寻成本的影响；模型 M_{13} 用来验证客观产品知识对主观产品知识的影响；模型 M_{13} 用来验证客观产品知识对网络搜寻能力的影响。

下面以嵌套模型 M_1 为例，说明利用嵌套模型验证理论假设的具体过程：在理论模型 M_t 的基础上，将网络搜寻能力与网络搜寻动机之间的路径系数限定为 0，由此得到嵌套模型 M_1。对模型 M_1 进行拟合之后，将其卡方值（1028.06）与理论模型 M_t 的卡方值（1007.96）加以比较，利用卡方差异度来验证假设 H_1。嵌套模型 M_1 在理论模型 M_t 的基础上增加了 1 个自由度（df=415）之后，其卡方值在理论模型 M_t 的基础上增加了 20.30，即$\triangle\chi^2$（1）=20.30，远远超过 p=0.05 水平上的卡方差异度的检验标准（$\triangle\chi^2$（1）=3.84）。由此我们可以认为，较之于理论模型 M_t，设定网络搜寻能力与网络搜寻动机间并无影响的嵌套模型 M_1 达到了显著恶化程度，故可以判定网络搜寻能力与网络搜寻动机之间存在显著的影响关系。再结合表 4-14 中的结果，该条路径的标准化系数为 0.16 且通过显著性检验，这就表明网络搜寻能力对网络搜寻动机具有显著的正向影响，假设 H_1 得到验证。

利用同样的程序依次得到嵌套模型 M_2—M_{14}，并对其与理论模型 M_0 的卡方差异度加以计算，具体结果如表 4-15 所示。

表 4-15　嵌套模型的比较结果

模型	χ^2	*df*	χ^2	GFI	NFI	CFI	RMSEA
M_t（理论模型）	1007.96	414	—	0.91	0.97	0.99	0.046
M_1（ABIL→MOTI=0）	1208.06	415	20.30★★★	0.91	0.97	0.98	0.046
M_2（BENE→MOTI=0）	1150.76	415	42.74★★★	0.90	0.96	0.97	0.051
M_3（COST→MOTI=0）	1014.79	415	6.83★★★	0.91	0.97	0.98	0.046
M_4（ABIL→COST=0）	1011.47	415	3.51	0.91	0.97	0.98	0.046
M_5（ABIL→BENE=0）	1062.28	415	54.32★★★	0.91	0.97	0.98	0.048
M_6(AWAR→BENE=0）	1009.51	415	1.55	0.91	0.97	0.98	0.046
M_7(AWAR→COST=0）	1011.16	415	3.20	0.91	0.97	0.98	0.046
M_8（QUAL→BENE=0）	1041.01	415	33.05★★★	0.91	0.97	0.98	0.047
M_9（LOAY→BENE=0）	1028.98	415	16.72★★★	0.91	0.97	0.98	0.046
M_{10}（SUBK→ABIL=0）	1269.41	415	261.45★★★	0.89	0.96	0.97	0.055
M_{11}（SUBK→BENE=0）	1015.49	415	7.53★★	0.91	0.97	0.98	0.046
M_{12}（SBBK→COST=0）	1009.34	415	1.38	0.91	0.97	0.98	0.046
M_{13}（OBJK→SUBK=0）	1054.46	415	46.50★★★	0.91	0.97	0.98	0.047
M_{14}（OBJK→ABIL=0）	1009.56	415	1.60	0.91	0.97	0.98	0.046
M_0（虚无模型）	1866.12	428	858.16	0.85	0.95	0.96	0.007

注：表中★表示 p 在 0.01 的水平上达到显著，即 $\chi^2 \geq 3.84$；★★表示 p 在 0.05 的水平上达到显著，即 $\chi^2 \geq 6.63$；★★★表示 p 在 0.001 的水平上达到显著，即 $\chi^2 \geq 10.83$。

从表 4–15 中可以看出，较之于理论模型 M_t，嵌套模型 M_1、M_2、M_3、M_5、M_8、M_9、M_{10}、M_{11} 以及 M_{13} 的卡方值皆达到了显著恶化的程度，这就表明，上述嵌套模型中限制为 0 的路径系数都得到了数据的支持。上文已然分析过假设 H_1 得到支持，接下来继续根据嵌套模型的比较结果以及表 4–14 中的路径系数结果对余下来的各条理论假设的验证情况进行分别讨论。

嵌套模型 M_2 的 $\triangle\chi^2(1)=42.74$，表明卡方差异度达到显著水平；从表 4–14 可以得出，网络搜寻收益对网络搜寻动机的影响的标准化路径系数为 0.54，t 值为 12.46，同样显著。两方面的证据显示，网络搜寻收益对网络搜寻动机具有显著的正向影响，故假设 H_2 得到支持。

嵌套模型 M_3 的 $\triangle\chi^2(1)=6.83$，表明卡方差异度达到显著水平；从表 4–14 可以得出，网络搜寻成本对网络搜寻动机的影响的标准化路径系数为 –0.09，t 值为 –2.61，同样显著。两方面的证据显示，网络搜寻成本对网络搜寻动机具有显著的负向影响，故假设 H_3 得到支持。

嵌套模型 M_4 的 $\triangle\chi^2(1)=3.51$，表明卡方差异度并未达到显著水平；表 4–14 可以得出，网络搜寻能力对网络搜寻成本的影响的标准化路径系数为 –0.07，t 值为 –1.45，同样未达到显著水平。两方面的证据显示，网络搜寻能力对网络搜寻成本的负向影响并不显著，故假设 H_4 并未得到支持。

嵌套模型 M_5 的 $\triangle\chi^2(1)=54.32$，表明卡方差异度达到显著水平；从表 4–14 可以得出，网络搜寻能力对网络搜寻收益的影响的标准化路径系数为 0.36，t 值为 7.26，同样显著。两方面的证据显示，网络搜寻能力对网络搜寻收益具有显著的正向影响，故假设 H_5 得到支持。

嵌套模型 M_6 的 $\triangle\chi^2(1)=1.55$，表明卡方差异度并未达到显著水平；从表 4–14 可以得出，意识联想对网络搜寻收益的影响的标准化路径系数为 0.12，t 值为 2.13，表明该条路径达到显著水平。全模型检验的结果与嵌套检验的结果并不一致，以嵌套检验的结果为标准，假设 H_6 没有得到支持。

嵌套模型 M_7 的 $\triangle\chi^2(1)=3.20$，表明卡方差异度并未达到显著水平；从表 4–14 可以得出，意识联想对网络搜寻成本的影响的标准化路径系数为 –0.12，t 值为 –2.79，表明该条路径达到显著水平。全模型检验的结果与嵌套检验的结果并不一致，以嵌套检验的结果为标准，假设 H_7 没有得到支持。

嵌套模型 M_8 的 $\triangle\chi^2(1)=33.05$，表明卡方差异度达到显著水平；从表 4–14 可以得出，主观质量对网络搜寻收益的影响的标准化路径系数为 0.39，t 值为 5.19，同样显著。两方面的证据显示，主观质量对网络搜寻收益具有显著的正向影响，故假设 H_8 得到支持。

嵌套模型 M_9 的 $\triangle\chi^2(1)=16.72$，表明卡方差异度达到显著水平；从表 4–14 可以得出，品牌忠诚对网络搜寻收益的影响的标准化路径系数为 –0.31，t 值为 –4.14，同样显著。两方面的证据显示，品牌忠诚对网络搜寻收益具有显著的负向影响，故假设 H_9 得到支持。

嵌套模型 M_{10} 的 $\triangle\chi^2(1)=261.45$，表明卡方差异度达到显著水平；从表 4–14 可以得出，主观产品知识对网络搜寻能力的影响的标准化路径系数为 0.58，t 值为 14.67，同样显著。两方面的证据显示，主观产品知识对网络搜寻能力具有显著的正向影响，故假设 H_{10} 得到支持。

嵌套模型 M_{11} 的 $\triangle\chi^2(1)=7.53$，表明卡方差异度达到显著水平；从表 4–14 可以得出，主观产品知识对网络搜寻收益的影响的标准化路径系数为 –0.13，t 值为 –2.78，同样显著。两方面的证据显示，主观产品知识对网络搜寻收益具有显著的负向影响，故假设 H_{11} 得到支持。

嵌套模型 M_{12} 的 $\triangle\chi^2$（1）=1.38，表明卡方差异度并未达到显著水平；从表 4–14 可以得出，主观产品知识对网络搜寻成本的影响的标准化路径系数为 0.05，虽为正向，但 t 值为 1.07，表明该条路径并不显著。两方面的证据显示，主观产品知识对于网络搜寻成本并无显著的正向影响，故假设 H_{12} 没有得到支持。

嵌套模型 M_{13} 的 $\triangle\chi^2$（1）=46.50，表明卡方差异度达到显著水平；从表 4–14 可以得出，客观产品知识对主观产品知识的影响的标准化路径系数为 0.21，t 值为 7.80，同样显著。两方面的证据显示，客观产品知识对主观产品知识具有显著的正向影响，故假设 H_{13} 得到支持。

嵌套模型 M_{14} 的 $\triangle\chi^2$（1）=1.60，表明卡方差异度并未达到显著水平；从表 4–14 可以得出，客观产品知识对网络搜寻能力的影响的标准化路径系数为 –0.05，t 值为 –1.30，并不显著。两方面的证据显示，客观产品知识对网络搜寻能力具有并不显著的负向影响，故假设 H_{14} 没有得到支持。

具体的假设验证结果汇总于表 4–16 以及图 4–8：

表 4–16　主理论模型中各条理论假设的检验结果

标签	假设内容	检验结果
H_1	网络信息搜寻能力对消费者的网络搜寻动机具有正向影响	支持
H_2	网络搜寻收益对消费者网络搜寻动机具有正向影响	支持
H_3	网络搜寻成本对消费者网络搜寻动机具有负向影响	支持
H_4	消费者的网络搜寻能力对网络搜寻成本存在负向影响	不支持
H_5	消费者的网络搜寻能力对网络搜寻收益存在正向影响	支持
H_6	意识联想会对消费者网络搜寻收益产生正向影响	不支持
H_7	意识联想会对消费者网络搜寻成本产生负向影响	不支持

（续表）

标签	假设内容	检验结果
H_8	主观质量会对消费者网络搜寻收益产生正向影响	支持
H_9	品牌忠诚会对消费者网络搜寻收益产生负向影响	支持
H_{10}	主观产品知识会对消费者网络搜寻能力产生正向影响	支持
H_{11}	主观产品知识会对消费者网络搜寻收益产生负向影响	支持
H_{12}	主观产品知识会对消费者网络搜寻成本产生正向影响	不支持
H_{13}	客观产品知识会对主观产品知识产生正向影响	支持
H_{14}	客观产品知识会对网络搜寻能力产生正向影响	不支持

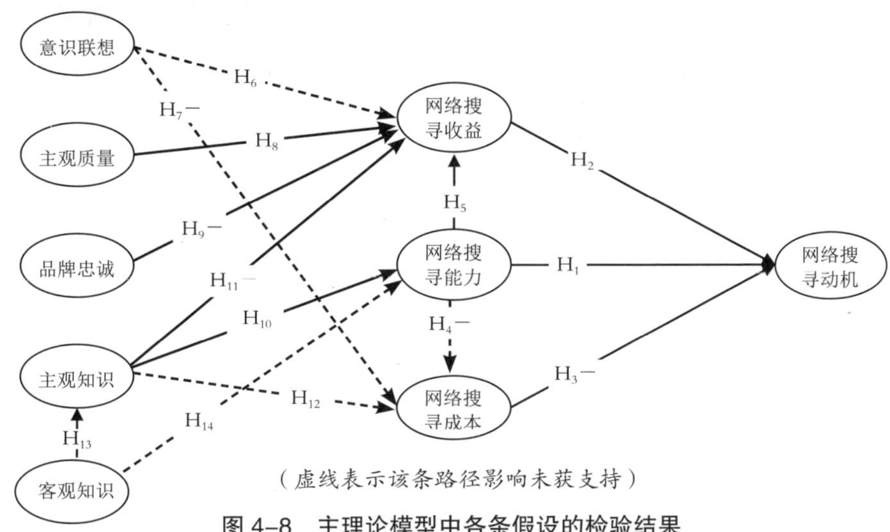

图 4–8　主理论模型中各条假设的检验结果

六、中介效应的验证

中介变量（mediator）是一个重要的统计概念。Baron 和 Kenny 指出，如果变量 X 通过影响变量 M 来影响 Y，则可以称 M 为中介变量[1]。在实际运用中，研究者经常将中介变量与调节变量相混淆。温忠麟等人指出：

[1] BARON，REUBEN M DAVID A KENNY. The Moderator–Mediator Variable Distinction in Social Psychological Research：Conceptual，Strategic，and Statistical Considerations [J]. Journal of Personality and Social Psychology，1986，51（6）：1173–1182.

假设所有变量都已经中心化（即均值为零），则可以利用图 4-9 中的路径公式表示中介变量[1]。

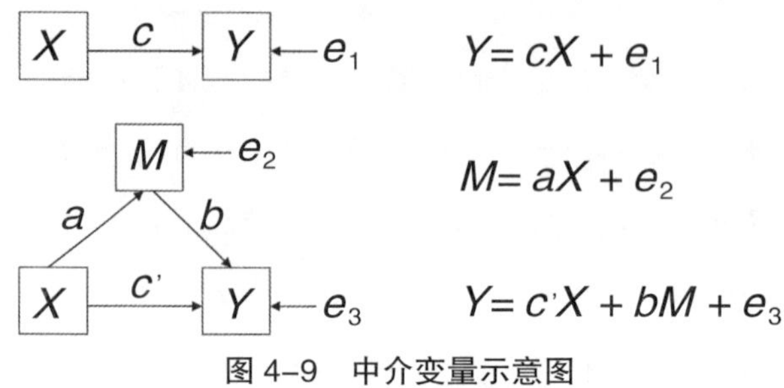

图 4-9　中介变量示意图

在讨论中介效应时，须对其与间接效应之间的区别予以明确。中介效应是间接效应，但是间接效应不一定是中介效应。温忠麟等人指出了中介效应与间接效应之间的区别：首先，当中介变量不止一个时，中介效应要明确是哪个中介变量的中介效应，而间接效应既可以指经过某个特定中介变量的间接效应（即中介效应），也可以指部分或所有中介效应之和；其次，在只有一个中介变量的情形下，虽然中介效应等于间接效应，但二者还是不等同。中介效应的大前提是自变量与因变量相关显著，否则不会考虑中介变量；但即使自变量与因变量的相关为零，仍然可能有间接效应[2]。从这一角度而言，在研究中有必要对理论模型进行中介效应的检验。

回顾本研究的主理论模型，可以发现网络搜寻成本、网络搜寻收益、网络搜寻能力以及主观产品知识都在充当中介变量的角色，需要对其中可能存在的中介效应进行检验。由于这些变量均属于内在的、心理的变量，一般都会有测量误差，Baron 和 Kenny 建议可以采用结构方程

[1] 温忠麟 . 张雷，侯杰泰，刘红云 . 中介效应检验程序及其应用 [J]. 心理学报，2004（05）：614-620.

[2] 温忠麟 . 张雷，侯杰泰，刘红云 . 中介效应检验程序及其应用 [J]. 心理学报，2004（05）：614-620.

模型进行此类中介效应的检验[1]。

在综合比较了多种中介效应检验程序的优缺点之后，温忠麟等人提出了一个第1类错误率和第2类错误率都比较小、既可以检验部分中介效应、又可以检验完全中介效应的检验程序（见图4–10），该检验程序为不少研究者所采用[2]。按照这一检验程序，研究者对理论模型中存在中介变量的影响路径逐一进行了检验。

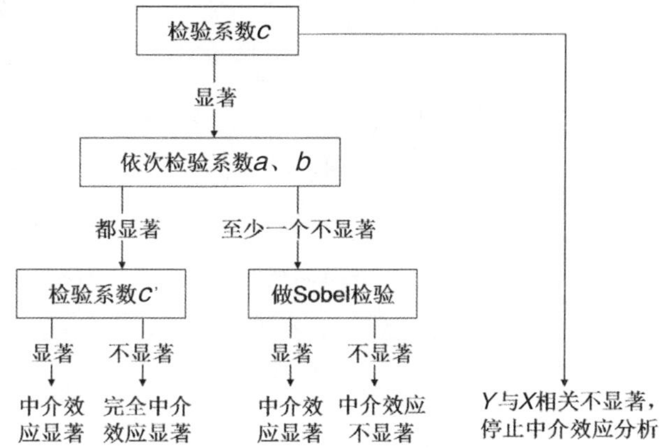

图4–10 温忠麟等人提出的中介效应检验程序[3]

从表4–12的潜变量相关系数矩阵中可以看出，品牌忠诚与网络搜寻动机之间的相关系数（r=0.02，t=0.54）以及主观产品知识与网络搜寻成本之间的相关系数（r=–0.04，t=–0.89）均不显著，根据Baron和Kenny[4]以及温忠麟等人[5]的观点，品牌忠诚与网络搜寻动机之间以及主

[1] BARON，REUBEN M DAVID A KENNY. The Moderator–Mediator Variable Distinction in Social Psychological Research：Conceptual，Strategic，and Statistical Considerations [J]. Journal of Personality and Social Psychology，1986，51（6）：1173–1182.

[2] 温忠麟．张雷，侯杰泰，刘红云．中介效应检验程序及其应用[J].心理学报，2004（05）：614–620.

[3] 图4–10以及图4–11中的系数a、b、c以及c'是互相对应的。

[4] BARON，REUBEN M DAVID A KENNY. The Moderator–Mediator Variable Distinction in Social Psychological Research：Conceptual，Strategic，and Statistical Considerations [J]. Journal of Personality and Social Psychology，1986，51（6）：1173–1182.

[5] 温忠麟，张雷，侯杰泰，刘红云．中介效应检验程序及其应用[J].心理学报，2004（05）：614–620.

观产品知识与网络搜寻成本之间不会存在任何中介效应，所以无需对其进行中介效应的检验[1]。具体而言，本研究中存在中介变量而要进行中介效应检验的影响路径如表 4–17 所示：

表 4–17 存在中介变量的影响路径

中介变量	影响路径
网络搜寻收益	意识联想→网络搜寻收益→网络搜寻动机
网络搜寻收益	主观质量→网络搜寻收益→网络搜寻动机
网络搜寻收益	主观产品知识→网络搜寻收益→网络搜寻动机
网络搜寻收益	网络搜寻能力→网络搜寻收益→网络搜寻动机
网络搜寻成本	意识联想→网络搜寻成本→网络搜寻动机
网络搜寻成本	主观产品知识→网络搜寻成本→网络搜寻动机
网络搜寻成本	网络搜寻能力→网络搜寻成本→网络搜寻动机
网络搜寻能力	主观产品知识→网络搜寻能力→网络搜寻动机
网络搜寻能力	主观产品知识→网络搜寻能力→网络搜寻收益
网络搜寻能力	客观产品知识→网络搜寻能力→网络搜寻动机
网络搜寻能力	客观产品知识→网络搜寻能力→网络搜寻收益
网络搜寻能力	客观产品知识→网络搜寻能力→网络搜寻成本
主观产品知识	客观产品知识→主观产品知识→网络搜寻收益
主观产品知识	客观产品知识→主观产品知识→网络搜寻成本
主观产品知识	客观产品知识→主观产品知识→网络搜寻能力

1. 对网络搜寻收益在意识联想与网络搜寻动机间的中介效应的检验

首先，建立起“意识联想→网络搜寻动机”的直接影响路径，得

[1] 需要指出的是，有些研究者认为，中介效应并不需要满足自变量与因变量之间具有直接联系这一前提。比如按照辛自强和池丽萍（2003）的看法，本研究中网络搜寻收益在主观质量与网络搜寻动机间所扮演的就应该是一种“特殊的中介变量”的角色。Shrout 和 Bolger（2002）也认为，考虑中介关系时不一定需要满足自变量和因变量存在相关的前提。不过本研究还是遵循 Baron 和 Kenny（1986）以及温忠麟等人（2004）的观点，不将其看成中介效应的一种。

出系数 c 为 0.15，t 值为 3.59，达到显著水平。继续在主理论模型中加入意识联想对网络搜寻动机的直接影响路径并对模型进行拟合，得到“意识联想→网络搜寻收益”的路径系数（系数 a）为 0.13，t 值为 2.24；“网络搜寻收益→网络搜寻动机”的路径系数（系数 b）为 0.54，t 值为 12.47；即二者均达到显著水平。继续考察中介模型中“意识联想→网络搜寻动机”的影响路径（系数 c'），路径系数为 –0.08，t 值为 –2.11，亦达到显著水平。也就是说，网络搜寻收益在意识联想与网络搜寻动机间所起到的是部分中介作用。网络搜寻收益所起到的中介效应占意识联想对网络搜寻动机总效应的比例为：$0.13 \times 0.54/0.15= 46.8\%$[1]。

2. 对网络搜寻收益在主观质量与网络搜寻动机间的中介效应的检验

首先，得出系数 c 为 0.16，t 值为 4.01，达到显著水平。继续得到系数 a 为 0.39，t 值为 5.22；系数 b 为 0.54，t 值为 12.26；二者均达到显著水平。继续考察系数 c'，路径系数为 –0.03，t 值为 –0.76，并未达到显著水平。也就是说，网络搜寻收益在主观质量与网络搜寻动机间所起到的是完全中介作用。

3. 对网络搜寻收益在主观产品知识与网络搜寻动机间的中介效应的检验

首先，得出系数 c 为 0.15，t 值为 3.77，达到显著水平。继续得到系数 a 为 –0.13，t 值为 –2.71；系数 b 为 0.53，t 值为 12.34；二者均达到显著水平。继续考察系数 c'，路径系数为 –0.05，t 值为 –1.19，并未达到显著水平。也就是说，网络搜寻收益在主观产品知识与网络搜寻动机间所起到的是完全中介作用。

---

[1]　为保持行文简洁，在对其他部分中介效应的检验过程进行描述时，直接以 a、b、c 以及 c' 代替各条影响路径。

4. 对网络搜寻收益在网络搜寻能力与网络搜寻动机间的中介效应的检验

首先，得出系数 c 为 0.37，t 值为 9.25，达到显著水平。直接检视主理论模型的拟合结果，得到系数 a 为 0.36，t 值为 7.26；系数 b 为 0.54，t 值为 12.46；两条路径系数均达到显著水平。此外，系数 c' 为 0.18，t 值为 4.88，亦达到显著水平。也就是说，网络搜寻收益在主观产品知识与网络搜寻动机间所起到的是部分中介作用。网络搜寻收益所起到的中介效应占网络搜寻能力对网络搜寻动机总效应的比例为：$0.36 \times 0.54/0.37=52.5\%$。

5. 对网络搜寻成本在意识联想与网络搜寻动机间的中介效应的检验

首先，得到系数 c 为 0.15，t 值为 3.59，达到显著水平。继续得出系数 a 为 –0.12，t 值为 –2.81；系数 b 为 –0.10，t 值为 –2.78；二者均达到显著水平。继续考察系数 c'，路径系数为 –0.08，t 值为 –2.11，亦达到显著水平。也就是说，网络搜寻收益在意识联想与网络搜寻动机间所起到的是部分中介作用。网络搜寻收益所起到的中介效应占意识联想对网络搜寻动机总效应的比例为：$0.12 \times 0.10/0.15=8.0\%$。

6. 对网络搜寻成本在主观产品知识与网络搜寻动机间的中介效应的检验

首先，得到系数 c 为 0.17，t 值为 4.02，表明该条路径系数达到显著水平。继续得出系数 a 为 0.05，t 值为 1.06；系数 b 为 –0.09，t 值为 –2.60；这表明仅有后者达到了显著水平。因此需要进行 Sobel 检验[1]，在代入 2 条路径的路径系数及标准误之后，得到的 z 值 =0.95，p=0.34，结果并不显著，表明网络搜寻成本在主观产品知识与网络搜寻动机间的中介效应并不显著。

[1] Sobel 检验是一种较为常用的 z 检验法，其公式为 z-value = $\frac{a \times b}{\sqrt{b^2 \times s_a{}^2 + a^2 \times s_b{}^2}}$，其中 S_a 和 S_b 分别表示系数 a 和 b 的标准误。

7. 对网络搜寻成本在网络搜寻能力与网络搜寻动机间的中介效应的检验

首先，得出系数 c 为 0.37，t 值为 9.25，表明该条路径系数达到显著水平。直接检视主理论模型的拟合结果，得出系数 a 为 –0.07，t 值为 –1.45；系数 b 为 –0.09，t 值为 –2.61；表明仅有后者达到了显著水平。因此需要进行 Sobel 检验，得到的 z 值 =1.26，p=0.20，结果并不显著，表明网络搜寻成本在网络搜寻能力与网络搜寻动机间的中介效应并不显著。

8. 对网络搜寻能力在主观产品知识与网络搜寻动机间的中介效应的检验

首先，得出系数 c 为 0.15，t 值为 3.77，达到显著水平。继续得出系数 a 为 0.58，t 值为 14.68；系数 b 为 0.21，t 值为 4.60；表明 2 条路径系数均达到了显著水平。继续考察系数 c'，路径系数为 –0.05，t 值为 –1.19，说明系数 c' 并未达到显著水平。也就是说，网络搜寻能力在主观产品知识与网络搜寻动机间所起到的是完全中介作用。

9. 对网络搜寻能力在主观产品知识与网络搜寻收益间的中介效应的检验

首先，得出系数 c 为 0.21，t 值为 7.82，达到显著水平。直接检视主理论模型的拟合结果，得出系数 a 为 0.58，t 值为 14.68；系数 b 为 0.36，t 值为 7.26；二者均达到了显著水平。继续考察系数 c'，路径系数为 –0.13，t 值为 –2.78，亦达到显著水平。也就是说，网络搜寻收益在意识联想与网络搜寻动机间所起到的是部分中介作用。网络搜寻收益所起到的中介效应占意识联想对网络搜寻动机总效应的比例为：0.58 × 0.36/0.21 = 99.4%。

10. 对网络搜寻能力在客观产品知识与网络搜寻动机间的中介效应的检验

首先，得出系数 c 为 0.09，t 值为 3.22，达到显著水平。继续得到系数 a 为 –0.03，t 值为 –1.33；系数 b 为 0.17，t 值为 4.71；仅有后者达到了显著水平。因此需要进行 Sobel 检验，得到的 z 值 =0.97，p= 0.33，结果并不显著，表明网络搜寻能力在客观产品知识与网络搜寻动机间的中介效应并不显著。

11. 对网络搜寻能力在客观产品知识与网络搜寻收益间的中介效应的检验

首先，得出系数 c 为 0.07，t 值为 2.53，达到显著水平。继续得到系数 a 为 –0.03，t 值为 –1.35；系数 b 为 0.37，t 值为 7.37；仅有后者达到了显著水平。因此需要进行 Sobel 检验，得到的 z 值 = 0.99，p= 0.32，结果并不显著，表明网络搜寻能力在客观产品知识与网络搜寻收益间的中介效应并不显著。

12. 对网络搜寻能力在客观产品知识与网络搜寻成本间的中介效应的检验

首先，得出系数 c 为 –0.07，t 值为 –2.38，表明该条路径系数达到显著水平。继续得出系数 a 为 –0.03，t 值为 –1.32；系数 b 为 –0.08，t 值为 –1.62；二者均未达到显著水平。因此需要进行 Sobel 检验，得到的 z 值 = 0.84，p= 0.40，结果并不显著，表明网络搜寻能力在客观产品知识与网络搜寻动机间的中介效应并不显著。

13. 对主观产品知识在客观产品知识与网络搜寻收益间的中介效应的检验

首先，得出系数 c 为 0.07，t 值为 2.53，达到显著水平。继续得出

系数 a 为 0.21，t 值为 7.81；系数 b 为 –0.15，t 值为 –3.07；二者均达到了显著水平。继续考察系数 c'，路径系数为 0.04，t 值为 1.51，并未达到显著水平。也就是说，网络搜寻收益在意识联想与网络搜寻动机间所起到的是完全中介作用。

14. 对主观产品知识在客观产品知识与网络搜寻成本间的中介效应的检验

首先，得出系数 c 为 –0.07，t 值为 –2.38，达到显著水平。继续得出路径系数系数 a 为 0.21，t 值为 7.80；系数 b 为 0.09，t 值为 1.67；二者均未达到显著水平。因此需要进行 Sobel 检验，得到的 z 值 =1.74，p= 0.08，结果并不显著，表明网络搜寻能力在客观产品知识与网络搜寻动机间的中介效应并不显著。

15. 对主观产品知识在客观产品知识与网络搜寻能力间的中介效应的检验

首先，得出系数 c 为 0.09，t 值为 5.22，表明该条路径系数达到显著水平。从主理论模型的拟合结果可以看出，系数 a 与系数 b 均达显著水平，而系数 c' 则未达到显著水平，因此主观产品知识在客观产品知识与网络搜寻能力间所起到的是完全中介作用。

以上所进行的中介效应检验的结果汇总于表 4–18：

表 4–18　中介效应检验结果

中介变量	自变量与因变量	检验结果
网络搜寻收益	意识联想、网络搜寻动机	部分中介（比例为 46.8%）
网络搜寻收益	主观质量、网络搜寻动机	完全中介
网络搜寻收益	主观产品知识、网络搜寻动机	完全中介
网络搜寻收益	网络搜寻能力、网络搜寻动机	部分中介（比例为 52.5%）
网络搜寻成本	意识联想、网络搜寻动机	部分中介（比例为 8.0%）

（续表）

中介变量	自变量与因变量	检验结果
网络搜寻成本	主观产品知识、网络搜寻动机	不显著
网络搜寻成本	网络搜寻能力、网络搜寻动机	不显著
网络搜寻能力	主观产品知识、网络搜寻动机	完全中介
网络搜寻能力	主观产品知识、网络搜寻收益	部分中介（比例为 99.4%）
网络搜寻能力	客观产品知识、网络搜寻动机	不显著
网络搜寻能力	客观产品知识、网络搜寻收益	不显著
网络搜寻能力	客观产品知识、网络搜寻成本	不显著
主观产品知识	客观产品知识、网络搜寻收益	完全中介
主观产品知识	客观产品知识、网络搜寻成本	不显著
主观产品知识	客观产品知识、网络搜寻能力	完全中介

需要指出的是，在上述中介效应路径之外，本研究中也有着同时存在多层中介的影响路径，如“客观产品知识→主观产品知识→网络搜寻收益→网络搜寻动机”，但正如温忠麟等人所指出的，因为解释起来比较困难，所以在实际应用中，一般不会考虑经过 $M_1 \times M_2$（两个调节变量）的中介效应[1]。

七、理论模型中各理论构念的总体影响效果

为更直接地展示出意识联想等影响因素对网络搜寻收益、搜寻成本以及搜寻动机的影响，研究者利用 LISREL 软件计算出了意识联想等对网络搜寻动机等因素的直接效应、间接效应、总体效应的大小及其显著水平，并将其整理于表 4-19 及表 4-20 中。

[1] 温忠麟，张雷，侯杰泰，刘红云．中介效应检验程序及其应用 [J]. 心理学报，2004（05）：614-620.

表 4–19　外生潜变量对内生潜变量的直接效应、间接效应及总效应

		意识联想	主观质量	品牌忠诚	客观产品知识
主观产品知识	直接效应				0.21（7.80）***0
	间接效应				
	总效应				0.21（7.80）***
网络搜寻收益	直接效应	0.12（2.13）**	0.39（5.19）***	−0.31（−4.14）***	
	间接效应				0.00（0.41）
	总效应	0.12（2.13）**	0.39（5.19）***	−0.31（−4.14）***	0.00（0.41）
网络搜寻成本	直接效应	−0.12（2.13）*			
	间接效应				0.00（0.53）
	总效应	−0.12（2.13）*			0.00（0.53）
网络搜寻能力	直接效应				−0.03（−1.30）
	间接效应				0.12（7.06）***
	总效应				0.09（3.29）***
网络搜寻动机	直接效应				
	间接效应	0.07（2.43）*	0.21（4.98）***	−0.16（−4.03）***	0.02（1.66）
	总效应	0.07（2.43）*	0.21（4.98）***	−0.16（−4.03）***	0.02（1.66）

注：（ ）内为 t 值，* 表示在 0.05 的水平上达到显著，** 表示在 0.01 的水平上达到显著，*** 表示在 0.001 的水平上达到显著。

表 4–20　内生潜变量之间的直接效应、间接效应及总效应

		主观产品知识	网络搜寻成本	品牌搜寻收益	网络搜寻能力
网络搜寻收益	直接效应	−0.13（−2.78）**			
	间接效应	0.21（6.57）***			0.36（7.26）***
	总效应	0.08（1.95）			0.36（7.26）***
网络搜寻成本	直接效应	0.05（1.07）			−0.07（−1.45）
	间接效应	−0.04（−1.45）			
	总效应	0.01（0.28）			−0.07（−1.45）
网络搜寻能力	直接效应	0.58（14.67）***			
	间接效应				
	总效应	0.58（14.67）***			
网络搜寻动机	直接效应		−0.09（−2.61）**	0.54（12.46）***	0.18（4.88）***
	间接效应	0.14（4.57）***			0.20（6.81）***
	总效应	0.14（4.57）***	−0.09（−2.61）**	0.54（12.46）***	0.38（8.79）***

注：（ ）内为 t 值，* 表示在 0.05 的水平上达到显著，** 表示在 0.01 的水平上达到显著，*** 表示在 0.001 的水平上达到显著。

从表 4–19 可以看出，意识联想、主观质量以及品牌忠诚对网络搜寻动机的总体影响均达显著水平，客观产品知识对网络搜寻动机的影响则不显著。意识联想对网络搜寻动机的总效应为 0.07，且该影响是通过网络搜寻收益以及网络搜寻能力的中介而发生的，但 2 个中介变量所起到的均为部分中介作用（中介作用比例分别为 46.8% 和 52.5%）。正如在验证中介效应时所提到的，意识联想对网络搜寻动机的直接影响为 0.15，即还有近一半的效果是由意识联想直接作用于网络搜寻动机的。主观质量对网络搜寻动机的总效应为 0.21，该影响是通过网络搜寻收益的中介而发生作用的，且网络搜寻收益所起到的是完全中介作用。品牌忠诚对网络搜寻动机的总效应为 –0.16，但与主观质量不同的是，品牌忠诚对网络搜寻动机的影响并非通过网络搜寻收益的中介发生，而是属于间接效应。客观产品知识对网络搜寻动机的总效应仅为 0.02，且不显著。但客观产品知识对网络搜寻动机的影响方式相对复杂一些，对各个内生潜变量均有直接或间接影响，不过只有对主观产品知识的直接效应以及对网络搜寻能力的间接和总效应呈显著水平。上文中我们也曾得出客观知识对网络搜寻动机具有显著的直接影响（0.09），这说明对于客观知识于网络搜寻动机的影响而言，本研究所提出的理论模型还未尽理想。

从表 4–20 可以看出，主观产品知识、网络搜寻收益、网络搜寻成本以及网络搜寻能力对网络搜寻动机的影响均达显著。主观产品知识对网络搜寻动机的影响稍显复杂，网络搜寻收益、网络搜寻成本以及网络搜寻能力在其中均充当中介角色，其中网络搜寻收益与网络搜寻能力均为完全中介效应，网络搜寻成本的中介效应则不显著。此外，通过网络搜寻能力的部分中介作用，主观产品知识对网络搜寻收益亦具有显著的间接效应。网络搜寻能力不但直接影响网络搜寻收益，还同时通过网络搜寻收益和网络搜寻成本间接影响网络搜寻动机，网络搜寻收益在其中起的是部分中介作用，而网络搜寻成本的中介作用则并不显著。网络搜寻收益与网络搜寻成本对网络搜寻动机的影响均为直接影响，二者均达显著水平，但前者的影响更大。

八、个人卷入度的调节效应的验证

正如 Newman 和 Staelin 所指出的，消费者的搜寻行为是复杂的，在研究消费者信息搜寻时，有必要考虑到各种变量之间的交互作用[1]。在完成了对主理论模型的验证之后，需要对理论假设中涉及到的个人卷入度对网络搜寻能力→网络搜寻动机、网络搜寻成本→网络搜寻动机以及网络搜寻收益→网络搜寻动机等 3 条影响路径的调节效应予以验证。

正如温忠麟等人提到的，学界经常存在着对调节变量（moderator）的误用，所以有必要首先对调节变量进行简要说明[2]。如果变量 Y 与变量 X 的关系是变量 M 的函数，则称 M 为调节变量[3]。也就是说，变量 Y 与 X 的关系受到第 3 个变量 M 的影响（见图 4-11）。调节变量既可以是定性的（如性别、种族、学校类型等），又可以是定量的（如年龄、受教育年限、刺激次数等），它影响因变量和自变量之间关系的方向和强弱[4]。

[1] NEWMAN J W，STAELIN R. Pre-Purchase Information Seeking for New Cars and Major Household Appliances [J]. Journal of Marketing Research，1972，9（3）：249-257.

[2] 温忠麟，侯杰泰，张雷．调节效应与中介效应的比较和应用 [J]. 心理学报，2005（02）：268-274.

[3] BARON，REUBEN M DAVID A KENNY. The Moderator-Mediator Variable Distinction in Social Psychological Research：Conceptual，Strategic，and Statistical Considerations [J]. Journal of Personality and Social Psychology，1986，51（6）：1173-1182.

[4] 温忠麟，侯杰泰，张雷．调节效应与中介效应的比较和应用 [J]. 心理学报，2005（02）：268-274.

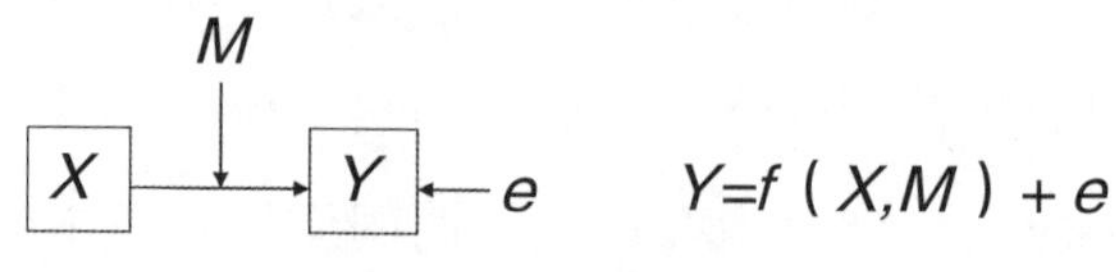

图 4-11　调节变量示意图

潜变量的调节效应的验证一直是困扰学者的一个难题，由于潜变量的交互效应建模方法较为复杂，且模型需要有均值结构更是加大了建模难度，所以不少研究者选择了将潜变量的各个指标加总平均为单项指标，利用传统回归分析的方式对调节效应加以检验，但此种方法并未完全利用潜变量的信息，在精确性上尚有所不足。吴艳等人在既有的交互效应建模方法的基础上，提出了一个不需要使用均值结构从而大大减轻建模难度的检验方法 [1]。由于该方法兼具精确性与简洁性的优点，故为本研究所采用。

具体的处理步骤如下：首先将所有指标中心化；其次使用自变量和调节变量的配对乘积指标，根据指标的标准化负荷大小进行配对；最后用无约束方法建立没有均值结构的模型。Marsh 等人指出，中心化处理是交互效应建模的一个标准步骤，它指将各个测量指标与其平均数作差并使其取代原始指标进入模型，指标中心化既可以解决多重共线性问题，又能简化模型。对测量指标进行配对时，一般以标准化负荷值的大小，按照“大配大、小配小”的方式进行，如遇自变量和调节变量所含测量问项的数量不一致的情况，则可以选择负荷较高的指标来进行配对 [2]。以本研究所涉及到的自变量网络搜寻成本以及调节变量个人卷入度为例，前者的测量问项为 3 个，而后者的测量问项为 4

[1] 吴艳，温忠麟，林冠群. 潜变量交互效应建模：告别均值结构 [J]. 心理学报，2009，41（12）：1252–1259.

[2] MARSH，et al. Structural Equation Models of Latent Interaction and Quadratic Effects [M]. Greenwich，CT：Information Age，2006.

个，按照前文的验证性因子分析的结果，首先舍弃个人卷入度中标准化负荷值最低的 INVOA3 问项（λ =0.67），然后按照"大配大、小配小"的原则发展出 3 个乘积项：INCO1，由 INVOA4（λ =0.80）和 COST2（λ =0.92）经中心化处理之后的指标 INVOA4 和 COSTA2 相乘得来[1]；INCO2，由 INVOA1（λ =0.76）和 COST3（λ =0.90）经中心化处理之后的指标 INVOA1 和 COSTA3 相乘得来；INCO3，由 INVOA6（λ =0.75）和 COST1（λ =0.89）经中心化处理之后的指标 INVOA4 和 COSTA1 相乘得来。依此类推，为验证有关调节效应的理论假设，需要发展 10 个类似的乘积项，其具体构成情况如表 4-21 所示：

表 4-21 各乘积项的构成情况

乘积项标签	构成情况	原始指标 1		原始指标 2	
		标签	标准化 λ	标签	标准化 λ
INCO1	INVOA4 × COSTA2	INNO4	0.80	COST2	0.92
INCO2	INVOA1 × COSTA3	INNO1	0.76	COST3	0.90
INCO3	INVOA6 × COSTA1	INNO6	0.75	COST1	0.89
INBE1	INVOA4 × BENEA4	INNO4	0.80	BENE4	0.87
INBE2	INVOA1 × BENEA2	INNO1	0.76	BENE2	0.83
INBE3	INVOA6 × BENEA5	INNO6	0.75	BENE5	0.83
INBE4	INVOA3 × BENEA3	INNO3	0.67	BENE3	0.77
INAB1	INVOA4 × ABILA2	INNO4	0.80	ABIL2	0.94
INAB2	INVOA1 × ABILA1	INNO1	0.76	ABIL1	0.90
INAB3	INVOA6 × ABILA3	INNO6	0.75	ABIL3	0.87

[1] 为简明计，将中心化处理之后的指标均命名为"原指标名"+"A"，如问项 INVO1 经中心化处理之后的指标就为 INVOA1。

由于涉及的测量问项较多，为利于直观表示，调节效应的检验分为 3 次进行，即以网络搜寻动机作为内生潜变量，依次以网络搜寻能力、网络搜寻成本、网络搜寻收益及其与个人卷入度的乘积交互项作为外生潜变量建立起调节效应模型。

1. 个人卷入度对网络搜寻成本与网络搜寻动机关系的调节效应

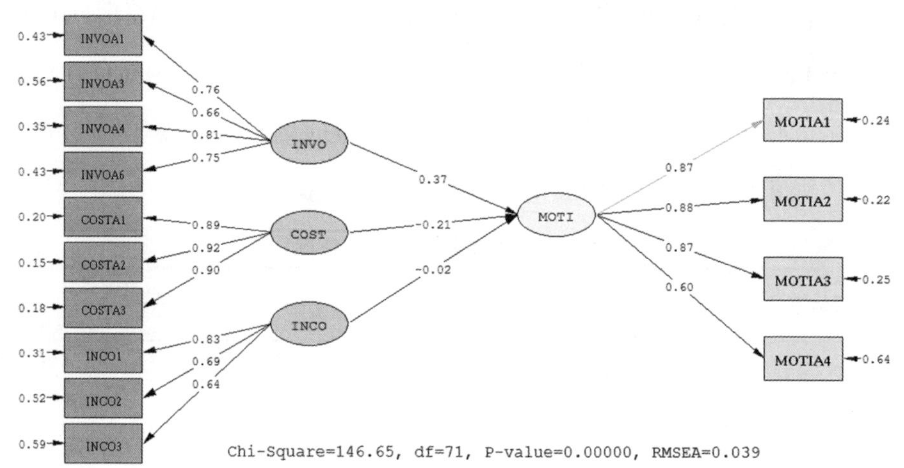

图 4-12　个人卷入度对网络搜寻成本与搜寻动机关系的调节效应模型

表 4-22　调节效应模型（搜寻成本）的拟合度指标

χ^2/df	GFI	AGFI	NFI	NNFI	CFI	RMSEA	SRMR	CN
2.07	0.97	0.96	0.98	0.99	0.99	0.039	0.030	496.99

图 4-12 以及表 4-22 体现的是第 1 个调节效应模型（个人卷入度对网络搜寻成本与网络搜寻动机间关系的调节效应）的拟合结果。可以看出，模型的拟合水平令人满意，但交互作用潜变量 INCO 的路径系数为 -0.02，*t* 值为 -0.54，说明该路径系数并未通过显著性检验。这就表明，与我们的假设不同，个人卷入度在网络搜寻成本与搜寻动机之间并没有起到调节作用。

2. 个人卷入度对网络搜寻收益与网络搜寻动机关系的调节效应

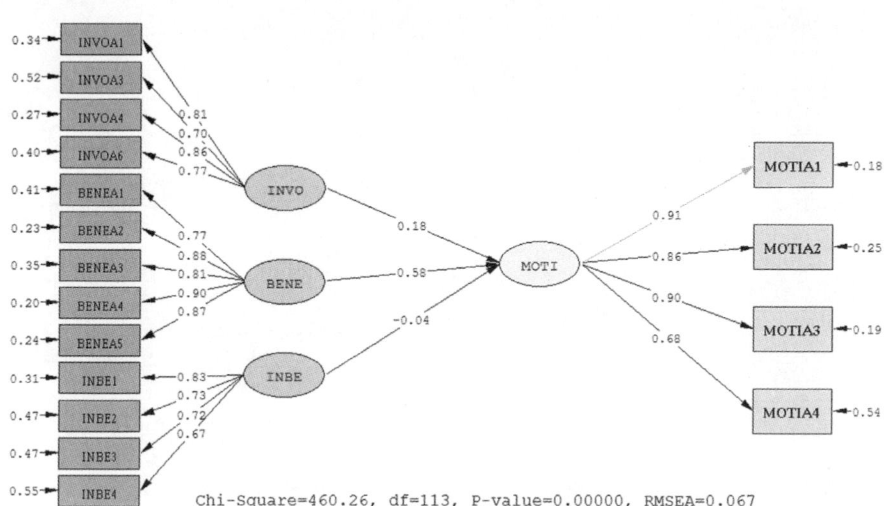

图 4–13　个人卷入度对网络搜寻收益与搜寻动机关系的调节效应模型

表 4–23　调节效应模型（搜寻收益）的拟合度指标

χ^2/df	GFI	AGFI	NFI	NNFI	CFI	RMSEA	SRMR	CN
4.07	0.93	0.90	0.96	0.97	0.97	0.067	0.041	217.22

图 4–13 以及表 4–23 体现的是第 2 个调节效应模型（个人卷入度对网络搜寻成本与网络搜寻动机间关系的调节效应）的拟合结果。可以看出，模型的拟合水平在总体上处于可以接受的水平，但交互作用潜变量 INBE 的路径系数为 –0.04，t 值为 –1.30，说明该路径系数并未通过显著性检验。这就表明，与我们的假设不同，个人卷入度在网络搜寻成本与搜寻收益之间并没有起到调节作用。

3. 个人卷入度对网络搜寻能力与搜寻动机关系的调节效应

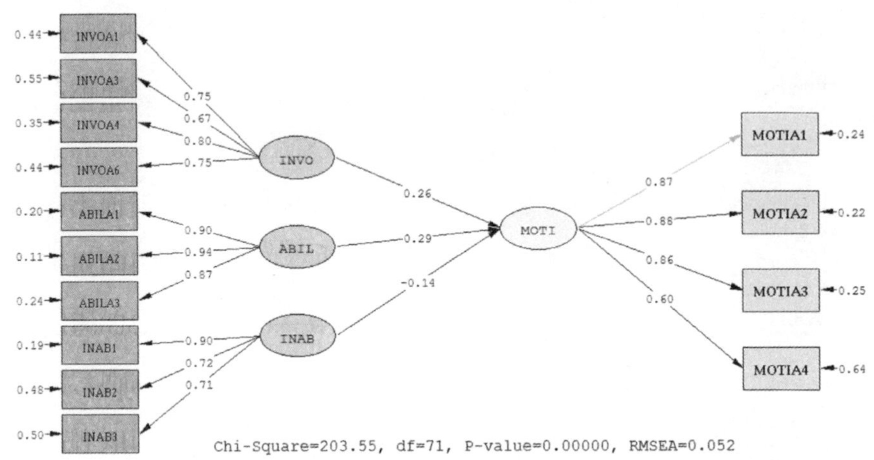

图 4–14 个人卷入度对网络搜寻能力与搜寻动机关系的调节效应模型

表 4–24 调节效应模型（搜寻能力）的拟合度指标

χ^2/df	GFI	AGFI	NFI	NNFI	CFI	RMSEA	SRMR	CN
2.87	0.96	0.94	0.97	0.98	0.98	0.052	0.040	354.81

图 4–14 以及表 4–24 体现的是第 3 个调节效应模型（个人卷入度对网络搜寻能力与网络搜寻动机间关系的调节效应）的拟合结果。可以看出，模型的拟合水平令人满意，交互作用潜变量 INAB 的路径系数为 –0.14，t 值为 –3.54（$p<0.001$），说明该路径系数可以通过显著性检验。此外，调节效应模型的 R^2 为 0.23，而排除交互作用项 INAB 后模型的 R^2 为 0.21，这就表明在考虑到个人卷入度的调节效应之后，因变量（网络搜寻动机）被解释的比例增大了 0.02。综合前述结果可以看出，与之前的假设相符，个人卷入度在网络搜寻能力与搜寻收益之间起到了一定的调节作用，且这种调节作用是削弱作用。

个人卷入度与搜寻能力的交互作用潜变量的影响系数为负，说明从总体上来说，随着个人卷入度的提升，搜寻能力对搜寻动机的影响会相应减弱。为了进一步探讨个人卷入度作为调节变量在网络搜寻能力→网络搜寻动机关系中发挥的具体作用，研究者对被调查者在个人卷入度各题项的得分进行加总平均处理。然后按照 Aiken 和 West 的建议[1]，以加总平均后的个人卷入度得分加减 1 个标准差作为分界点，将个人卷入度分为低卷入（平均分＜ M–1SD）、中等卷入（M–1SD ≤平均分≤ M+1SD）和高卷入（平均分＞ M+1SD）3 组。以网络搜寻动机为因变量，以网络搜寻能力为自变量，分别计算出在不同卷入度水平下的回归方程：

低卷入组：Y=0.415X+3.572

中卷入组：Y=0.276X+4.720

高卷入组：Y=0.300X+5.119

参照祝建华的建议[2]，依照上述 3 个回归方程计算出低、中、高卷入组在 X 的最大和最小值时 Y 的预测值，并根据这 6 对数据绘制出调节效应示意图（图 4–15）。

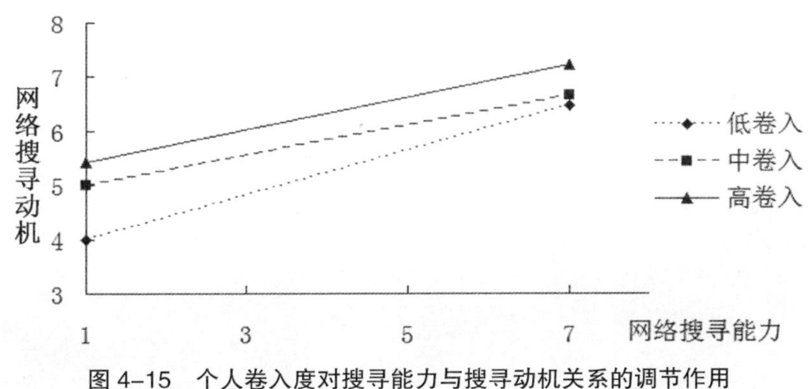

图 4–15　个人卷入度对搜寻能力与搜寻动机关系的调节作用

[1] AIKEN，L S WEST，S G. Multiple Regression：Testing and Interpreting Interactions [M]. Thousand Oaks，CA：Sage，1991.

[2] 祝建华 . 如何绘制调节效应的图形？ [EB/OL].http：//zjz06.spaces.live.com/blog/cns!3F49BBFB6C5A1D86!1114.trak.

从图 4-15 可以看出，当消费者的卷入水平较低时，网络搜寻能力对网络搜寻动机的影响力度最大。而随着个人卷入度从较低水平向中等水平的提升，个人卷入度的弱化调节作用就体现得尤为明显，随着网络搜寻能力的提升，低卷入水平和中等卷入水平消费者的网络搜寻动机趋于相等。但是在中等卷入水平和高卷入水平之间，个人卷入度的这种弱化调节作用就已经消失。也就是说，个人卷入度的调节作用亦存在一个临界值，在这一临界值之前，个人卷入度对网络搜寻与搜寻动机之间的关系起着弱化作用，而当个人卷入度超过这一临界值之后，其弱化调节作用就将消失。

第五章

研究结论及未来建议

上文中我们利用调查数据对本研究所提出的理论模型进行了验证，大部分理论假设均得到了实证支持，但是也有一些结果出乎我们的理论预期。在对各部分的结论进行综合讨论的基础上，我们亦针对营销方提出相关的管理建议。

第一节　综合讨论

网络的出现，影响甚至颠覆了传统的营销生态。假以网络这种通畅的信息获取平台，从消费决策的最初环节——信息搜寻开始，消费者在买卖过程中的能动性得到了大大增强。由此导致信息不均衡现象逐步消失，这对消费者而言代表着桎梏的解除，而对营销方而言则意味着利器的丧失。但一个硬币永远有其两面，网络中也势必蕴含着营销方可以利用的新的机会增长点。在这种新局面下，营销方如何因应新局面调整营销策略，如何抵御住网络带来的威胁甚至先于竞争对手发掘到网络带来的机遇，是一个颇具现实意义的话题。消费者既有知识对于消费者网络信息搜寻行为具有重要影响，本研究以此为切入角度，提出了一个以网络搜寻收益、能力及动机为中介的影响机制模型，以下即为对理论假设的验证结果的具体讨论。

一、网络搜寻能力与网络搜寻收益、搜寻成本以及搜寻动机的关系

本研究证实，消费者的网络搜寻能力越强，其利用网络进行信息搜寻的动机亦越强。这一结果的出现当属情理之中，因为对于能力与动机之间的正向关系，诸如计划行为理论以及技术接受模型等经典理论均为其提供了有力支撑。具体到信息搜寻领域，不少研究（如 Dowling 和 Staelin[1]，孙曙迎[2]）亦在此二者之间得到了正向关系。

之前虽然有不少研究者试图对“成本 – 收益”框架以及“能力 – 动机”框架予以整合（如 Kulviwat 等人[3] 和 Schmidt 和 Spreng[4] 的研究），但其均认为搜寻能力只会对搜寻动机产生影响，而未关注搜寻能力与搜寻成本或搜寻收益之间的可能关系。本研究提出，网络搜寻能力不仅会对网络搜寻动机产生影响，也会对网络搜寻收益以及网络搜寻成本产生影响。虽然网络搜寻能力对网络搜寻成本之间的负向影响并未得到证实，但网络搜寻能力对网络搜寻收益高达 0.36 的正向影响却显示出，忽视网络搜寻能力与网络搜寻收益之间的关系是并不恰当的。中介效应检验的结果也表明，网络搜寻收益在网络搜寻能力与网络搜寻动机之间起到了部分中介作用，且中介作用的比例高达 52.5%。一方面，消

[1] DOWLING G R，STAELIN R. A Model of Perceived Risk and Intended Risk-Handling Activity [J]. Journal of Consumer Research，1994，21（1）：119–134.

[2] 孙曙迎．我国消费者网上信息搜寻行为研究 [D]. 浙江大学，2009.

[3] KULVIWAT S，GUO C，ENGCHANIL N. Determinants of online information search：a critical review and assessment [J]. Internet Research，2004，14（3）：245–253.

[4] SCHMIDT J B，SPRENG R A. A proposed model of external consumer information search [J]. Journal of the Academy of Marketing Science，1996，24（3）：246–256.

费者的网络搜寻能力可以直接提升其进行网络搜寻的动机；另一方面，更高的网络搜寻能力又使消费者对网络中存在的与消费决策相关的信息的发掘更加充分，由此也更能充分获取增量信息所带来的收益，网络搜寻能力也可通过网络搜寻收益而提升网络搜寻动机。

至于网络搜寻能力与网络搜寻成本之间的负向影响并未成立，原因可能与网络的媒体特性有关。正如 Berthon 等人所指出的，网络上的信息呈现是相对简单而廉价的，相比于造访商店、咨询销售人员等传统信息搜寻活动，网络搜寻成本不仅在维度上得到了改变[1]，在量上也得到了大大降低。开关电脑以及点击鼠标等虽然也是一种投入，但从总体上而言消费者对于这种投入并不会过于敏感。例如在本研究中，网络搜寻成本与网络搜寻动机之间的路径系数为 –0.09，作用效果并不大。既然网络搜寻成本的影响力相对微弱，网络搜寻能力对其难以产生显著影响似乎就有理可循了。当然，虽然搜寻能力与搜寻成本间的关系在网络环境中并不显著，但二者在传统信息搜寻活动中的关系却仍需进一步验证。

二、网络搜寻成本、网络搜寻收益与网络搜寻动机的关系

研究者提出的网络搜寻收益对网络搜寻动机的正向影响，以及网络搜寻成本对网络搜寻动机的负向影响，也得到了研究数据的证实。与刚刚提到的网络搜寻能力与网络搜寻动机之间的关系一样，不少研究者已然在针对传统信息搜寻的研究中对此得出过肯定性的实证结论，虽然将消费者视为“绝对理性”的观点已不再流行，但这并不意味着消费者在信息搜寻时就会完全摒弃对成本和收益的理性考量，所以此 2

[1] 比如根据研究者在进行消费者访谈时得出的结果，经济方面的成本并非网络搜寻成本的主要构成维度，虽然其在传统信息搜寻成本中却占据着较为重要的地位。

对关系的证实亦在意料之中。

不过需要注意的是，在本研究中网络搜寻收益对网络搜寻动机的影响系数高达 0.54，而网络搜寻成本对网络搜寻动机的影响收益则只有 -0.09，二者之间的差异提醒我们，较之于网络搜寻成本，网络搜寻收益对于网络搜寻动机而言是效果更强、更值得重视的驱动力。

三、品牌知识与网络搜寻动机的关系

在理论发展阶段，我们预期品牌知识的各个维度（意识联想、主观质量以及品牌忠诚）都将通过网络搜寻收益以及网络搜寻成本的完全中介作用而对网络搜寻动机产生影响。在我们所提出的与此相关的 4 条影响路径当中，主观质量对网络搜寻收益的正向影响以及品牌忠诚对网络搜寻收益的负向影响均得到了证实，前者的路径系数为 0.39，后者的路径系数为 -0.31，从路径系数的绝对值来看，二者对网络搜寻收益的影响均较为可观，这也从侧面证实了将品牌因素纳入信息搜寻研究的必要性。

同样作为品牌知识的构成维度，品牌忠诚却为何会对网络搜寻收益产生负向影响？相对于意识联想与主观质量，品牌忠诚是一种相对“非理性”的认知。忠诚于特定品牌的消费者总是会对该品牌进行类似于无条件的重复购买，它既不会因环境变化，亦不会因为竞争对手的营销努力而变化。而对品牌具有较高忠诚的消费者,似乎也更易被归入“感性消费者”的范畴。当消费者对于特定品牌产品具有相当的忠诚度时，在购前所进行的信息搜寻也就自然无法在优化购买决策等方面增强消费者对搜寻收益的感知。另一种可能的解释是，对于忠诚度较高的品牌产品，消费者在平时就可能乐于对其进行前文所提到的持续性搜寻，在通过持续性搜寻已经获得充分的信息之后，再进行购前信息搜寻似乎就不但无益，甚至是一种额外的包袱了。事实上，在品牌忠诚与信息搜寻努力之间的关系上，Jacoby 等人也曾得出过类似的结论[1]。

不过具体到对网络搜寻动机的影响机制上，品牌忠诚与意识联想或主观质量则并不相同。后两者均需部分或全部通过网络搜寻收益或网络搜寻成本的中介作用产生影响，而品牌忠诚与网络搜寻动机之间并不存在显著的相关关系，即品牌忠诚对网络搜寻动机并不存在直接影响，所以网络搜寻收益也无法在其中充当中介变量的角色。但网络搜寻收益通过间接影响的方式，在品牌忠诚与网络搜寻动机之间建立起了联系（间接效应为 –0.16）。虽然品牌忠诚对网络搜寻动机的总体影响为负，但这对于拥有大批忠诚拥趸的品牌而言也并不是负面消息，因为当品牌忠诚较高时，消费者同样会因为感性力量的驱使而完成对品牌产品的购买。也就是说，品牌忠诚越高，代表着消费者直接跳过信息搜寻阶段而作出购买决策的可能性也越高。

涉及意识联想的 2 条假设路径均未得到证实，但需要指出的是，这并非源自理论推演方面的错误，而似乎更需要归咎于意料之外的多重共线性问题。仅就全模型验证的结果而言，意识联想对网络搜寻收益和网络搜寻成本的影响其实是符合我们的理论预期的，前者的路径系数为 0.12，后者为 –0.12，且均为显著。但一旦以嵌套模型的验证结果作为判断标准，此 2 对关系则并不牢固。回到有关于品牌知识各维度间关系的理论阐述，我们发现意识联想与主观质量 2 个维度之间并非属于完全的平行关系。从逻辑上而言，意识联想应该是主观质量的先决条件，而品牌忠诚又会部分决定于主观质量。比如说，只有消费者对某一品牌具备一定的“品牌意识”，才有可能了解该品牌产品的

[1] JACOBY J, FISHER C W A. A Behavioral Process Approach to Information Acquisition in Nondurable Purchasing [J]. Journal of Marketing Research, 1978, 15（4）: 532–544.

质量水平并作出主观质量的评估。特别是对于笔记本电脑这种偏功能性的产品而言，主观质量的高低又可能在很大程度上影响到品牌忠诚。当然，将品牌知识划分为以上3个维度的做法得到了诸多研究者的认可，从理论层面而言也难以提出新的建构方式，所以对相关问题的深入探讨似应从数据分析工具方面来取得突破。

暂且抛开多重共线性的影响不谈，意识联想对网络搜寻动机的总体影响为0.07，网络搜寻收益和网络搜寻成本在其中所起到的均为部分中介作用，只不过前者的中介比例（46.8%）要远大于后者（8.0%），这应该主要是出于网络搜寻成本对网络搜寻动机的影响本身较弱的原因。

四、产品知识与网络搜寻动机的关系

理论模型中涉及产品知识特别是主观产品知识方面的影响路径相对复杂一些。首先，主观产品知识与网络搜寻收益间存在着预期中的负向效应。既往研究中虽然有不少对于主观产品知识与网络搜寻努力之间关系的探讨，但将主观产品知识纳入"成本－收益"框架的并不多。Schmidt 和 Spreng 曾提出过这一理论假设，但并未进行验证[1]。本研究为这一假设提供了实证支撑。其次，主观产品知识与网络搜寻成本之间的关系虽为正向，但并未通过显著性检验。究其原因，可能也在于网络搜寻成本对于消费者而言并不太重要的缘故。但在传统的线下搜寻情境中，主观产品知识与网络搜寻成本之间可能会存在正向影响关系，当然这一点还有待后续研究的验证。此外，中介效果检验的结果也表明，在主观产品知识与网络搜寻动机之间，网络搜寻收益起到的是完全中介作用，而网络搜寻成本的中介效应则不显著。这在一方面证实探讨

[1] SCHMIDT J B, SPRENG R A. A Proposed Model of External Consumer Information Search [J]. Journal of the Academy of Marketing Science, 1996, 24（3）: 246–256.

主观产品知识与网络搜寻收益的关系是颇有必要的，另一方面也凸显了网络搜寻收益在消费者网络搜寻中的重要地位。

本研究中最大的路径系数出现在主观产品知识与网络搜寻能力之间（0.58）。主观产品知识与网络搜寻能力在本质上均属于消费者的主观感知，一方面，主观产品知识确实能部分代表消费者对笔记本电脑的了解程度；另一方面，对自身产品知识做出更高评价的消费者往往具备更高的自信水平，这种自信水平当然也会正面影响到消费者对自身网络搜寻能力的感知。正因如此，不少研究者均提出过同样的理论假设（如Kulviwa等人[1]、Schmidt和Spreng[2]以及孙曙迎[3]的研究），本研究再次验证了他们的观点。在主观产品知识与网络搜寻收益之间，网络搜寻能力充当了部分中介的角色，且其中介作用的比例高达99.4%。正是通过网络搜寻能力的强力中介作用，在抵消掉通过网络搜寻收益而对网络搜寻动机产生的负向影响之后，主观产品知识对网络搜寻动机的最终影响依然达到了0.14的水平。

客观产品知识会影响到主观产品知识，这也为诸多研究者所提到并证实。需要注意的是，客观产品知识对主观产品知识的正向影响虽然存在（0.20），但0.09的R^2值说明，客观产品知识对主观产品知识的解释力度还颇为有限。也就是说，在客观产品知识之外，还有同样甚至更为重要的因素影响着消费者对自身产品知识的主观评估，后续研究中可以继续丰富这方面的探讨。

客观产品知识与网络搜寻能力间的正向影响路径并未得到支持，

---

[1] KULVIWAT S，GUO C，ENGCHANIL N. Determinants of online information search：a critical review and assessment [J]. Internet Research，2004，14（3）：245–253.

[2] SCHMIDT J B，SPRENG R A. A proposed model of external consumer information search [J]. Journal of the Academy of Marketing Science，1996，24（3）：246–256.

[3] 孙曙迎．我国消费者网上信息搜寻行为研究 [D]. 浙江大学，2009.

即便 Schmidt 和 Spreng 也认为其间会存在正向影响（当然其理论假设主要针对的是传统的信息搜寻环境）[1]。为什么对产品类别的事实了解无法提升能对网络搜寻动机产生直接影响的网络搜寻能力？其中的原因似乎还是落在网络的媒体特性之上。网络所具有的交互性以及信息海量的特点为缺乏客观产品知识的消费者提供了一个同样有效的平台，消费者只要具备一定的网络使用经验，仅需键入几个关键字就可以获得足够丰富的信息。正是由于网络的这种特性，使得网络搜寻能力的评估可能更多受到网络使用相关因素的影响。而对产品知识的事实了解虽然有助于网络搜寻能力的提升，但其作用力已受到了较大限制。从这个意义上来讲，客观产品知识与网络搜寻能力之间并无显著关联似乎也有其合理性。

从表 4–18 可以看出，虽然客观产品知识对网络搜寻能力的直接影响并不显著，但通过主观产品知识的完全中介，客观产品知识依然对网络搜寻能力产生了显著的正向间接影响（影响系数为 0.12）。相对而言，在对网络搜寻动机的总体影响上，客观产品知识所发挥的作用并不大。但是这并不意味着在分析网络信息搜寻时可以完全无视客观产品知识的作用，因为在验证中介效应时，我们发现客观产品知识与网络搜寻动机之间的总体影响效应为 0.09，且为显著。这表明，本研究所提出的影响机制并未完全梳理出客观产品知识所能发挥的影响效应。但可以肯定的是，总体上来说主观产品知识对网络信息搜寻的影响还是要大于客观产品知识。这一结论也给予我们重要提示，在对消费者进行区分以制定差异化的网络传播策略时，主观产品知识是一个更具价值的细分变量。

[1] SCHMIDT J B，SPRENG R A. A proposed model of external consumer information search [J]. Journal of the Academy of Marketing Science，1996，24（3）：246–256.

五、对信息搜寻问题研究框架的探讨

正如我们在文献回顾部分所提到的，在消费者信息搜寻的研究中，将经济学研究取向的“成本－收益”框架以及心理学研究取向的“能力－动机”框架相结合的研究取向已开始得到学界的普遍认同。但是，少有学者对网络搜寻收益等中介变量的中介效应进行过严格检验。虽然网络搜寻收益等变量的中介角色在已有的研究中得到过证实[1]，但有关这些中介变量所起到的到底是完全中介抑或部分中介作用，以及中介效应的比例（如果属于部分中介作用的话）问题，尚未有研究作出过精确回答。这在一定程度上阻碍了我们对于消费者信息搜寻行为的深入了解。

在进行过严格的中介效应检验程序后，本研究为细致了解上述中介变量的作用特点贡献了更为详尽的证据。我们发现，网络搜寻收益是一个堪称“尽职”的中介变量，在主观质量、主观产品知识对网络搜寻动机的影响路径中起到的均为完全中介作用，在意识联想以及网络搜寻能力对网络搜寻动机的影响路径中起到的虽然是部分中介效果，但中介比例也均为 50% 左右[2]。虽然网络搜寻收益不能在主观质量与网络搜寻动机间起到中介作用，但依然通过间接影响的方式在主观质量与网络搜寻动机之间建立起了较强的联系。

相对于网络搜寻收益而言，网络搜寻成本的中介效应则相对弱些。在主观产品知识、网络搜寻能力对网络搜寻动机的影响路径中，网络搜寻成本的中介效应并不显著；而虽然网络搜寻成本在意识联想与网络搜寻动机间的中介效应得到了证实，但其中介效应的比例也只达到

[1] 孙曙迎．我国消费者网上信息搜寻行为研究 [D]. 浙江大学，2009.

[2] 考虑到多重共线性的存在，研究者亦将意识联想、网络搜寻收益以及网络搜寻动机这 3 个变量脱离于整体模型单独进行了中介效应的检验，结果显示，此时网络搜寻收益在意识联想与网络搜寻动机之间起到的为完全中介作用。

了8.0%的水平。一方面，这与网络搜寻收益的“强势”有关，网络搜寻收益对网络搜寻动机的影响是网络搜寻成本的6倍，所以后者的中介效应似乎因此受到了“抑制”；另一方面的原因可能仍出自于网络媒体的特性方面，当网络的传播优势使得信息搜寻对于消费者而言不再是一件“苦差”时，网络搜寻成本的中介效应自然得到了削弱。

在主观产品知识与网络搜寻动机之间，网络搜寻能力扮演了完全中介的角色。再考虑到其在主观产品知识与网络搜寻收益间的极强中介效应，亦显示出网络搜寻能力作为一个中介变量在消费者网络信息搜寻行为中的重要性。当然，在以客观产品知识为自变量的3条影响路径中，网络搜寻能力的中介效应并不显著，这一方面与客观产品知识的影响力相对较弱有关，另一方面可能也与网络的易用特性存在一定联系。

总结以上的讨论，虽然网络搜寻成本的中介作用并不突出，但因为网络搜索收益以及网络搜寻能力的重要作用得到了验证,所以将“成本－收益”框架以及“能力－动机”框架相结合的做法仍然值得赞许。同样需要意识到的是，在网络搜寻环境中，虽然网络搜寻成本对网络搜寻动机而言依然是一个不可忽视的前置影响因素，但较之于传统信息搜寻渠道，搜寻成本在网络信息搜寻中的地位已大大降低。正如Du通过实验法所验证的，与线下的实体书店相比，消费者在网上书店搜寻书价信息的成本更低[1]。这也提醒我们,在以后的研究中可以无需对其投以过多的关注。此外，有关网络搜寻动机的0.39的R^2值也提示我们，虽然本研究的理论框架对消费者的网络搜寻动机做出了较为有效的解释，但是这一框架还不尽完美，对于网络搜寻动机的解释还大有空间。

[1] DU，NINGHUA. Advertising and Consumer Search[C].The University of Arizona，2005.

六、对个人卷入度的调节效应的讨论

在众多涉及消费者行为的研究中，研究者都会将卷入度作为重要的调节变量，且其调节效应在多数情况下都可以得到验证。但本研究所提出的 3 条有关个人卷入度的调节效应的假设中，只有 1 条（个人卷入度对网络搜寻能力与网络搜寻收益间关系的调节）得到了证实。为什么数据结果与研究者的假设会出现如此大的差别？我们考虑到的可能性最高的原因在于，被调查者对于笔记本电脑的个人卷入度可能处于普遍较高的水平，这就在部分程度上限制了调节效应的显著性。

为了验证这一分析是否合理，研究者对被调查者在个人卷入度各问项上的平均得分进行了统计，发现均值高达 5.38（SD=1.08），且仅有 9.0% 的被调查者的得分在中位数（4 分）以下。一方面，由于价格等方面的原因，笔记本电脑自身就是一种有着较高产品卷入度的产品；另一方面,对于大多数消费者（特别是本研究中的大学生被调查者）来说，笔记本电脑已经成为学习和生活中几乎不可缺少的必备用品，且又因其兼具功能性与象征性的特征，就将绝大部分消费者对笔记本电脑的个人卷入度推向了更高的水平。可能正因为这个原因，个人卷入度的调节效应才难以发挥。当然，上述分析也不能一概而论，个人卷入度在网络搜寻成本对网络搜寻动机间关系上的调节效应不显著，则可能也与网络搜寻成本自身的影响力有限有关。

而就唯一得到验证的个人卷入度在网络搜寻能力对网络搜寻动机间关系上的调节效应而言，也可以给我们带来颇多启示。按照通常的经验,个人卷入度在消费者行为方面所起到的往往是一种“增量”作用，但为何在此起到的却是削弱作用？从图 4–15 可以看出，在低卷入水平与中等卷入水平之间，个人卷入度的弱化调节效应最为明显，而在中等卷入水平到高卷入水平之间，这种弱化调节效应则趋向于消失。这一结果再度证实了网络搜寻平台所具有的“低门槛性”，在个人卷入度不高的情况下，消费者主要根据自身的搜寻能力来设定搜寻动机或搜寻目标；而当消费者的个人卷入度达到较高水平时，网络搜寻能力的重要性就会相对有所下降，此时网络搜寻动机受网络搜寻收益等因素的影响可能会更大。也就是说，即使消费者对自身网络搜寻能力的感知并不高，在个人卷入度的驱使下也会在部分程度上克服网络搜寻能力上的障碍。当然，其中隐含的前提在于消费者普遍意识到了网络搜寻的有效性和易用性，只要外部刺激条件适当，网络搜寻就是一项没有“金刚钻”亦能揽下的“瓷器活”。

第二节　研究贡献及管理建议

一、研究贡献

行文至此，我们可以对本研究的主要贡献进行小结：

第一，在信息搜寻问题中首次导入了品牌知识的概念，丰富了对于消费者既有知识的理解。

在关于消费者信息搜寻的既有研究中，很少有研究者关注过品牌因素在其中所可能发挥的作用，所以大多数研究中的信息搜寻努力，所指代的均为消费者对特定产品类别的全部信息搜寻行为。此种做法虽然有其理论意义，但似乎难以契合当前的市场现实。在品牌化的浪潮日渐盛行的今天，品牌已经成为大多数消费者购买产品时所关注的一个重要维度（在笔记本之类的高卷入产品类别更是如此）。正如 Jacoby 等人所发现的，当消费者对产品作出评价时，品牌信息的作用甚至要高于价格信息。如果忽视品牌要素在信息搜寻中的作用，就在较大程度上限制了研究结论的推及性[1]。以笔记本电脑为例，仅仅了解到消费者对于笔记本电脑相关信息的接触特性还不足以为营销方提出有用的理论建议，而当我们将研究对象细化到具体品牌时，营销者才可以了解到自己相对于竞争对手而具备的优势或劣势，才可以更好地发展出具有现实针对性的营销策略。

与一些相关研究以主观产品知识代替客观产品知识测量的做法不同，本研究分别对主观产品知识和客观产品知识进行了测量。虽然最后的研究结果表明二者对网络搜寻动机均具有正向影响，但从影响系数以及具体的作用机制来看，二者之间还是存在很大不同，这也提醒我们，在研究时有必要对主客观产品知识予以区分。

第二，首次较为清晰地描述了既有知识对消费者网络搜寻动机的影响机制。

回顾学界对于消费者信息搜寻问题的研究历程，虽然既有知识常常被研究者作为影响消费搜寻动机或搜寻努力的重要变量来看待，特别是在产品知识方面也得出过不少实证研究结论。但是既有知识的影响力究竟是从何而起、以何种途径发生作用，既有文献中似乎缺乏详尽解释。而本研究通过构建一个以网络搜寻收益等为中介变量的影响机制模型，较为清晰地揭示了品牌知识各维度以及产品知识各维度对网络搜寻动机的作用机制，丰富了对这一领域的理论认知。

第三，再次验证了整合取向在消费者信息搜寻研究中的有效性。

正如前文所述，消费者信息搜寻领域曾先后出现过 2 种不同的研究取向：使用“成本 – 收益”框架的经济学取向以及运用“能力 – 动机”

[1] JACOBY J, SZYBILLO G J, BUSATO-SCHACH J, et al. Information Acquisition Behavior in Brand Choice Situations [J]. Journal of Consumer Research, 1977, 3 (4): 209-216.

框架的心理学取向，虽然研究者们已经普遍认同需将2种取向综合运用，但通过实证方式验证此种综合取向的研究并不多见。而本研究对网络搜寻收益等中介变量进行中介效应检验的结果也提示我们，总体而言，此种综合取向在信息搜寻研究中是有其合理性的。

第四，揭示了网络信息平台给消费者信息搜寻行为带来的一些全新影响。

网络作为广告以及消费者行为研究中的热门话题，已经得到了研究者们的充分重视。然而在为数众多的研究文献中，专门针对网络信息搜寻的研究却并不多见，而这与信息搜寻在消费者购买决策过程中的重要地位是不太相称的。本研究立足网络环境，揭示出了网络平台上消费者信息搜寻所具有的一些新特点。而重要性最大的发现当属搜寻成本在网络搜寻中的“风光不再”，网络搜寻成本虽然依然会对网络搜寻动机产生负向影响，但这种影响在程度上来看已是相对微弱。而与网络搜寻成本相比，网络搜寻收益对网络搜寻动机的影响更具决定性。

二、管理建议

Ward和Lee曾预测到，因为越来越多的消费者可以接触到网络并能更有效率地通过网络获取产品信息，所以生产者可能会发现通过广告彰显产品特性的做法的重要性会有所下降[1]。当类似于广告之类的“推式”信息传播的重要性下降之际，也就意味着网络信息搜寻这样的“拉式”信息传播的地位将逐渐上升。从营销方的角度出发，我们提出以下几条有关网络信息搜寻的管理建议：

[1] WARD，MICHAEL R，MICHAEL J LEE. Internet Shopping，Consumer Search and Product Branding [J]. Journal of Product & Brand Management，2000，9（1）：6-20.

第一，与强势品牌相比，弱势品牌更应注重网络营销传播。

与电视媒体等传播平台所具有的传播资源稀缺以及价高者得等特点相比，网络传播平台以其交互性、开放性以及信息海量性等特点，为不同品牌提供了一个相对平等的传播竞争平台。也就是说，只要能够为消费者的网络信息搜寻提供足够的便利以及足够的有用信息，弱势品牌并不一定会输在信息搜寻这一消费者购买决策的起跑线上。

第二，着力强调产品的易用性与差异性，以此鼓励消费者的网络搜寻行为。

我们发现，与客观产品知识相比，主观产品知识对网络搜寻动机的影响更为明显。如果特定品牌希望促使消费者进行更多的网络搜寻时，强调产品的易用性（即提升消费者对自身主观产品知识的评估）可能是一个有效的途径。换句话说，让消费者“以为能”进行网络搜寻会比让消费者“确实能”进行网络搜寻的效果更为可观。此外，对自身产品差异性的强调亦可提升消费者对网络搜寻收益的感知，从而促进网络搜寻动机的提升。

第三，需要重视产品质量的提升。

在品牌知识的各维度中，主观质量认知对于网络搜寻动机产生了最大的正向影响，它的重要性甚至远远超过意识联想。在现实情况中，我们也可以发现不少类似的例子，某些品牌在知名度并不高的情况下，依靠产品质量方面的优势在网络上同样实现了有效传播（如魅族等），实现了更高的营销效率。在网络传播平台中，由于产品质量往往与负面口碑传播联系紧密，考虑到负面网络口碑传播对消费者行为意愿的重要影响[1]，对产品质量的重要性更是不能等闲视之。

[1] 毕继东．负面网络口碑对消费者行为意愿的影响研究 [D]. 山东大学，2010.

第三节 研究的不足与后续努力方向

虽然研究者在研究过程中力求科学严谨，但由于能力学识以及其他方面客观条件的限制，本研究依然存在诸多方面的不足。下文即为研究中所存在的几个主要问题及后续研究的努力方向：

一、样本获取方面的不足之处

调查样本方面的不足同时体现在代表性以及数量方面。一方面，出于便利性方面的考虑，研究所选择的样本为大学生，虽然如上文所言，同质化的样本在理论验证方面有其优势，但也在一定程度上限制了研究结论的推及性。

另一方面，本研究所获取的调查样本在数量上还有所不足，使得研究者无法对研究结论进行严格的复核效度考察。所谓复核效度，就是指一个模式在许多不同群样本下，而非只是在其所衍生的样本下，能够复制的程度。由于复核效度的主要目的在于检验理论模型的预测效度（predictive validity），且学者们相当鼓励对复核效度的检验[1]。严格的复核效度检验需要通过多样本比较来进行，这就对总体样本数量提出了很高的要求。但是，本研究的样本数（686）限制了研究者对复核效度的验证。按照上文中对样本数量的讨论，本研究的主理论模型中有82个自由估计参数，故在模型拟合时至少需要 $82 \times 5=410$ 个样本才比较合理。如果要将样本切割为数量相当的校定样本（calibration sample）和效度样本（validation sample）2个部分，686个样本显然难敷所需。为了提升本研究中所得结论的推及性和可靠性，希望后续研究能够在调查样本的多样性及数量方面加以改善。

[1] 黄芳铭．结构方程模式：理论与应用[M]．北京：中国税务出版社，2005.

此外，本研究所选取的产品类别为笔记本电脑，虽然以笔记本电脑为对象探讨网络搜寻问题有其独特优势，但被调查者对其个人卷入度普遍过高的问题也阻碍了我们对于一些问题的深入认识，后续研究亦可在产品类别方面作出一些变换。此外，鉴于目前服务类产品（如机票、旅游产品）在网络市场中的风靡程度以及服务产品所具有的独特属性[1]，研究者们亦可将消费者网络信息搜寻的研究范畴拓展到此类产品之上。

二、研究方法方面的不足之处

在对各项理论假设进行检验时我们发现，在意识联想对网络搜寻收益以及意识联想对网络搜寻成本这 2 条影响路径上，全模型检验与嵌套模型检验的结果并不一致。也就是说，品牌知识部分的各构念之间可能存在一定的多重共线性问题。鉴于将品牌知识分为意识联想等 3 个维度不仅具有理论基础，而且已经是大多数研究者的共识，所以可以考虑从改善研究工具方面着手对此进行更深入的研究。

正如孙继红和杨晓江所指出的，较之于 LISREL 之类的基于协方差的结构方程模型技术相比，基于方差的偏最小二乘法路径模型（partical least squares path model，PLS）在处理多重共线性问题时表现更佳[2]。鉴于研究者们利用 PLS 估计法在研究同样存在较严重多重共线性的理论问题（如顾客满意度）时已经取得了令人满意的结果，所以研究者也希望在今后可以转换研究工具，对本研究中关于品牌知识的相关结论进行更为细致合理的探讨。

此外，本研究主要采用调查法进行，虽然目前来看调查法仍不失

[1] MURRAY K B. A Test of Services Marketing Theory：Consumer Information Acquisition Activities [J]. Journal of Marketing，1991，55（1）：10–25.

[2] 孙继红，杨晓江 .PLS 通径模型应用中应注意的几个问题 [J]. 统计教育，2009（11）：3–10.

为研究信息搜寻行为的最合理的研究方法之一，但调查法在处理消费者的网络信息搜寻模式以及变量之间的精确关系等问题时尚存缺陷。后续研究可以尝试利用观察法、实验法等研究方式，丰富本领域的研究成果。

三、理论设定方面的不足之处

本研究在借鉴既有研究成果的基础上设定了理论架构，但 0.39 的 R^2 值意味着本研究所涉及的变量只能解释网络搜寻动机变异值的 39%。也就是说，在网络搜寻收益、网络搜寻成本等中介变量之外，还可能存着其他同样有效的中介或直接影响变量。此外，有关于客观产品知识与网络搜寻动机间的关系方面，本研究所提出的影响机制的解释程度也未能令人完全满意。再者，有些信息搜寻领域的重要变量还未纳入本研究中，比如在发展理论假设时多次涉及感知风险方面的内容，但理论模型并未将其涵盖。考虑到感知风险在消费者行为特别是网络消费行为中的重要影响[1]，感知风险很可能与网络搜寻收益以及网络搜寻动机间存在密切联系。此外，网络中也有不同类型的信息来源（如生产商、分销商、第三方及人际信息来源），而消费者针对不同信息来源的信息搜寻行为又可能有所不同。这些问题，都有待后续研究作进一步探讨。

[1] 叶乃沂 . 消费者感知风险及上网购物行为研究 [D]. 西南交通大学，2008.

参考文献

[1] AAKER, D A. Building Strong Brands [M]. New York, NY : The Free Press, 1996.

[2] AAKER ,D A. Managing Brand Equity : Capitalizing on the Value of a Brand Name [M]. New York, NY : The Free Press, 1991.

[3] AIKEN, L S WEST, S G. Multiple Regression : Testing and Interpreting Interactions [M]. Thousand Oaks, CA : Sage, 1991.

[4] AINSCOUGH, THOMAS L. The Internet for the Rest of Us : Marketing on the World Wide Web [J]. Journal of Consumer Marketing, 1996, 12 (2) : 36–47.

[5] AJZEN, ICEK. From Intentions to Actions : A Theory of Planned Behavior [M]. Heidelberg, Germany : Springer, 1985.

[6] AJZEN, ICEK. The Theory of Planned Behavior [M]. Organizational Behavior and Human Decision Processes, 1991.

[7] AKERLOF G. The Market for Lemons : Quality Uncertainty and the Market Mechanism [J]. Quarterly Journal of Economics, 1970, 84 (3) : 488–500.

[8] ALBA J, H MARMORSTEIN. The Effects of Frequency Knowledge on Consumer Decision Making [J]. Journal of Consumer Research, 1987, 14 : 14–25.

[9] ALBA J, J WESLEY HUTCHINSON. Dimensions of Consumer Expertise [J]. Journal of Consumer Research, 1987, 12 (3) : 411–454.

[10] ALBA J, LYNCH, et al. Interactive Home Shopping : Consumer, Retailer, and Manufacture Incentives to Participate in Electronic Market places [J]. Journal of Marketing, 1997, 61 (7): 38–53.

[11] ALLISON, R, K. Uhl Influence of Beer Brand Identification on Taste Perception [J]. Journal of Marketing Research, 1964, 1 (8): 36–39.

[12] AMBLER T. Do Brand Benefit Consumers [J]. International Journal of Advertising, 1997, 16 (3): 167–198.

[13] ANDERSON, et al. Structural Equation Modeling in Practice : A Review and Recommended Two–step Approach [J]. Psychological Bulletin, 1988, 103 : 411–423.

[14] ANDREW, et al. A Framework for Conceptualizing and Measuring the Involvement Construct in Advertising Research [J]. Journal of Advertising, 1990, 19 (4): 27–40.

[15] ASAM, E H AND L P BUCKLIN. Nutrition Labeling for Canned Goods : A Study of Consumer Response [J]. Journal of Marketing, 1973, 37 (4): 32–37.

[16] ASSAEL, HENRY. A Demographic and Psychographic Profile of Heavy Internet Users and Users by Type of Internet Usage [J]. Journal of Advertising Research, 2005, 93–123.

[17] BABIN, BARRY J, et al. Work and/or Fun : Measuring Hedonic and Utilitarian Shopping Value [J]. Journal of Consumer Research, 1988, 20 (2): 644–656.

[18] BAGOZZI, R P, YI, et al. On the Evaluation of Structural Equation Model [J]. Marketing Science, 1988, 16 (2): 76–94.

[19] BAKER, W, et al. Brand Familiarity and Advertising : Effects on the Evoked Set and Brand Preference [J]. in Advances in Consumer Research, 1986, 13 : 637–642.

[20] BAKOS J Y. Reducing Buyer Search Costs : Implications for Electronic Marketplaces [J]. Management Science, 1997, 43 (12): 1676–1692.

[21] BARON, REUBEN M DAVID A KENNY. The Moderator–Mediator Variable Distinction in Social Psychological Research : Conceptual, Strategic, and Statistical Considerations [J]. Journal of Personality and Social Psychology, 1986, 51 (6): 1173–1182.

[22] SHARON E. BEATTY，SCOTT M. SMITH. External Search Effort：An Investigation across Several Product Categories [J]. Journal of Consumer Research，1987，14（6）：83–95.

[23] BEI，LIEN–TI，et al. Consumers' Online Information Search Behavior and the Phenomenon of Search vs.Experience Products [J]. Journal of Family and Economic Issues，2004，25（4）：449–467.

[24] BELLENGER，DANNY N，PRADEEP KORGOANKAR. Profiling the Recreational Shopper [J]. Journal of Retailing，1980，58（Spring）：58–81.

[25] BENTLER，et al. Practical Issues in Structural Equation Modeling [J]. Sociological Methods and Research，1978，15：78–117.

[26] BENTLER，P M，WU，et al. EQS/Windows User' s Guide [M]. Los Angeles：BMDP Statistical Software，1993.

[27] BERTHON P，PITT L，WATSON R T. Marketing Communication and the World Wide Web [J]. Business Horizons，1996，39（5）：24–32.

[28] BETTMAN，JAMES R. An Information Processing Theory of Consumer Choice [M]. Addison–Wesley Educational Publishers Inc，1979.

[29] BETTMAN，JAMES R，PARK C W. Effects of Prior Knowledge and Experience and Phase of the Choice Process on Consumer Decision Processes：A Protocol Analysis [J]. Journal of Consumer Research，1980，7（3）：234–248.

[30] BHATNAGAR A，GHOSE S. Online information search termination patterns across product categories and consumer demographics [J]. Journal of Retailing，2004，80（3）：221–228.

[31] BISWAS D. Economics of Information in the Web Economy：Towards a new theory? [J]. Journal of Business Research，2004，57（7）：724–733.

[32] BLATTBERG，R C，J. DEIGHTON. Interactive Marketing：Exploring the Age of Address ability [J]. Sloan Management Review，1991（Fall）：5–14.

[33] BLOCH，PETER H，DANIEL L，et al. Consumer Search：An Extended Framework [J]. Journal of Consumer Research，1986，13（1）：119–126.

[34] BOLLEN，K A. Structural Equations with Latent Variaables [M]. Ney York：Wiley，1989.

[35] BONN M A，FURR H L，SUSSKIND A M. Predicting a Behavioral Profile for Pleasure Travelers on the Basis of Internet Use Segmentation [J]. Journal of Travel Research，1999，37（4）：333–340.

[36] BREITENBACH C S，VAN DOREN D C. Value - added marketing in the Digital Domain：Enhancing the Utility of the Internet [J]. Journal of Consumer Marketing，1998，15（6）：558–575.

[37] BRITTON B K，TESSER A. Effects of Prior Knowledge on Use of Cognitive Capacity in Three Complex Cognitive Tasks [J]. Journal of Verbal Learning & Verbal Behavior，1982，21（4）：421–436.

[38] BRUCKS，MERRIE. The Effects of Product Class Knowledge on Information Search Behavior [J]. Journal of Consumer Research，1985，12（1）：1–16.

[39] BRUCKS，MERRIE. A Typology of Consumer Knowledge Content [J]. Advances in Consumer Research，1986，13：58–63.

[40] BRUCKS，MERRIE AND PAUL SCHURR. The Effects of Bargainable Attributes and Attribute Range Knowledge on Consumer Choice Processes [J]. Journal of Consumer Research，1990，16（3）：409–419.

[41] BRYNJOLFSSON E，SMITH M. Frictionless Commerce? A Comparison of Internet and Conventional Retailers [J]. Management Science，2000，46：563–585.

[42] CALDER，B，PHILLIPS L W，et al. Designing Research for Application [J]. Journal of Consumer Research，1981，8（2）：197 - 207.

[43] CHATTERJEE P. Commercial Scenarios for the Web：Opportunities and Challenges [M]. Readings in Electronic Commerce. Addison–Wesley Longman Publishing Co.Inc，2006.

[44] CHEVALIER J A，MAYZLIN D. The Effect of Word of Mouth on Sales：Online Book Reviews [J]. Journal of Marketing Research，2006，43（3）：345–354.

[45] CHURCHILL G A, J R. A Paradigm for Developing Better Measures of Marketing Constructs [J]. Journal of Marketing Research, 1979, 16 (1) : 64–73.

[46] CLAXTON J D, FRY J N, PORTIS B. A Taxonomy of Prepurchase Information Gathering Patterns [J]. Journal of Consumer Research, 1974, 1 (3) : 35–42.

[47] COLE, CATHERINE A, GARY GAETH, et al. Measuring Prior Knowledge [J]. Advance in Consumer Research, 1986, 13 : 64–66.

[48] COPELAND, MELVIN T. Relation of Consumers' Buying Habits to Marketing Methods [J]. Harvard Business Review, 1923, 1 (4) : 187–191.

[49] CORDELL, V V. Consumer knowledge measures as predictors in product evaluation [J]. Psychology & Marketing, 1997, 14 (3), 241–260.

[50] CUIEFORD J P. Fundamental Statistics in Psychology and Education [M]. New Your, McGraw Hill, 1965.

[51] CUNDIFF W E W. Assessing the Quality of Industrial Products [J]. Journal of Marketing, 1978, 42 (1) : 80–86.

[52] DACIN M P A. The Assessment of Alternative Measures of Consumer Expertise [J]. Journal of Consumer Research, 1996, 23 (3) : 219–239.

[53] DAVIS F D. Perceived Usefulness, Perceived Ease of Use, and User Acceptance of Information Technology [J]. MIS Quarterly, 1989, 13 (3) : 319–340.

[54] DOMMERMUTH W P. The Shopping Matrix and Marketing Strategy [J]. Journal of Marketing Research, 1965, 2 (2) : 128–132.

[55] DOWLING G R, STAELIN R. A Model of Perceived Risk and Intended Risk–Handling Activity [J]. Journal of Consumer Research, 1994, 21 (1) : 119–134.

[56] DU, NINGHUA. Advertising and Consumer Search [C]. The University of Arizona, 2005.

[57] DUNCAN, C P, OLSHAVSKY, R W. External Search : The Role of Consumer Beliefs [J]. Journal of Marketing Research, 1982, 19 (1) : 32–43.

[58] ENGEL, JAMES F, ROGER D, et al. Consumer Behavior [M]. Chicago : The Dryden Press, 1986.

[59] FARQUHAR, PETER H. Managing Brand Equity [J]. Marketing Research.1989 : 24–33.

[60] FLYNN L R, GOLDSMITH R E. A Validation of the Goldsmith and Hofacker Innovativeness Scale [J]. Educational and Psychological Measurement, 1993, 53 : 1105–1116.

[61] FORNELL, CLAES, DAVID F LARCKER. Evaluating Structural Equation Models with Unobervable Variables and Measurement Error [J]. Journal of Marketing Research, 1980, 18 (1): 39–50.

[62] FRANK, ROBERT H, BEN S BERNANKE. Principles of Microeconomics 4th [M]. McGraw–Hill Irwin, 2009.

[63] FURSE D H, PUNJ G N, STEWART D W. A Typology of Individual Search Strategies Among Purchasers of New Automobiles [J]. Journal of Consumer Research, 1984, 10 (4): 417–431.

[64] GARDNER, D M. An Experimental Investigation of the Price–Quality Relationship [J]. Journal of Retailing, 1970, 46 (Fall): 39–40.

[65] GATARSKI R, LUNDKVIST A. Interactive Media Face Artificial Consumers and Marketing Theory must Re–think [J]. Journal of Marketing Communications, 1998, 4 (1): 45–59.

[66] GODES, DAVID, DANA MAYZLIN, et al. The Firm' s Management of Social Interactions [J]. Marketing Letters, 2005, 16 (3/4): 415–428.

[67] GONG, WEN. Measuring Web Advertising Effectiveness in China : An Empirical Investigation [D]. Dissertation of George Washington University, 2000.

[68] CHARLOTTE GRACE GREIG. Consumers on the Web : A Study of Pre–Purchase Search [D]. The Golden Gate University, 2003.

[69] GUO C. A Review on Consumer External Search : Amount and Determinants [J]. Journal of Business and Psychology，2001，15（3）: 505–519.

[70] GUPTA S. HERMES : A Research Project on the Commercial Uses of the World Wide Web [EB/OL] . [1995–02–13] . http : //www.umich.edu/~sgupta/hermes/.

[71] HAIR，J F JR，ANDERSON，et al. Multivariate Data Analysis [M]. Prentice Hall International : UK，1998.

[72] HAIR，J F JR，BLACK，et al. Multivariate Data Analysis [M]. Upper Saddle River，NJ : Prentice–Hall，2006.

[73] HAMMOND，K，MCWILLIAMET AL. Fun and Work on the Web : Differences in Attitudes between Novices and Experienced Users [J]. in Advances in Consumer Research.1998，25 : 372–378.

[74] HARRIOTT KEVIN KENTON. Advertising and Consumer Search in Differentiated Markets [D]. The Texas A&M University，2005.

[75] HAWKINS，et al. 消费者行为学 [M]. 符国群，等译 . 机械工业出版社，2007.

[76] HENNIG–THURAU T，WALSH G. Electronic Word–of–Mouth : Motives for and Consequences of Reading Customer Articulations on the Internet [J]. International Journal of Electronic Commerce，2003，8（2）: 51–74.

[77] HIGGINS，et al. Social Cognition : The Ontario symposium（1）[J]. Hillsdale，NJ : Erlbaum，1981.

[78] HOFFMAN，DONNA L，THOMAS P NOVAK. Marketing in Hypermedia Computer–Mediated Environments : Conceptual foundations[EB/OL].[1995–06–03.].http : //www2000.ogsm.vanderbilt.edu/cmepaper.revision.july11.1995/cmepaper.html.

[79] HOFFMAN D L，NOVAK T P，CHATTERJEE P. Commercial Scenarios for the Web : Opportunities and Challenges [J]. Journal of Computer–Mediated Communication，1995，1（3）: 1–21.

[80] HOFFMAN D L，NOVAK T P，VENKATESH A. Has the Internet become indispensable? [J]. Communications of the ACM，2004，47（7）: 37–42.

[81] HOLBROOK M B，HULBERT J M. Elegy on the Death of Marketing [J]. European Journal of Marketing，2002，36（5/6）：706-732.

[82] HOWARD，JOHN A，JAGDISH N SHETH. The Theory of Buyer Behavior [M]. New York：Harper & Row，1969.

[83] HOYER，HUGHES，JACOBY，et al. Analyzing Consumer Information Processing，in Marketing Involvement in Society and the Economy [C]. Chicago：American Marketing Association，1969：235-240.

[84] HOYER，WAYNE D，DEBORAH J MACLNNIS. Consumer Behavior 4th [M]. Houghton Mifflin，2007.

[85] HU，LI - TZE，BENTLER P M. Cutoff criteria for fit indexes in covariance structure analysis：Conventional criteria versus new alternatives [J]. Structural Equation Modeling，1999，6（1）：1-55.

[86] JACOBY，et al. Prepurchase Information Processing Theory of Consumer Choice. in Hoyer，Wayne D，and Deborah J. Maclnnis，Consumer Behavior 4th [M]. New Jersey：Addision-Wesley，2007.

[87] JACOBY J，FISHER C W A. A Behavioral Process Approach to Information Acquisition in Nondurable Purchasing [J]. Journal of Marketing Research，1978，15（4）：532-544.

[88] JACOBY，JACOB，DAVID B. Ryner Brand Loyalty Vs. Repeat Purchasing Behavior [J]. Journal of Marketing Research，1973，10（1）：1-9.

[89] JACOBY J，SZYBILLO G J，BUSATO-SCHACH J. Information Acquisition Behavior in Brand Choice Situations [J]. Journal of Consumer Research，1977，3（4）：209-216.

[90] JACOBY J，FISHER C W A. A Behavioral Process Approach to Information Acquisition in Nondurable Purchasing [J]. Journal of Marketing Research，1978，15（4）：532-544.

[91] JAILLET，HELENE FRANCE. Consumer Search Behavior in Online Shopping：The Effects of Novice Versus Expert Product Knowledge [M]. The University of Texas at Austin，2001.

[92] JOHNSON E J，MOE W W，FADER P S，et al. On the Depth and Dynamics of Online Search Behavior [J]. Management Science，2004，50（3）：299–308.

[93] JOHNSON，M S，E GARBARINO & EUGENE SIVADAS. Influences of Customer Differences of Loyalty，Perceived Risk and Category Experience on Customer Satisfaction Ratings [J]. International Journal of Market Research，2006，48（5）：601–622.

[94] JOHNSON E J，RUSSO J E. Product Familiarity and Learning New Information [J]. Journal of Consumer Research，1984，11（1）：542–550.

[95] KANWAR，RAJESH，JENY C OLSON，LAURA S SIMS. Toward Cenceptualizing and Measuring Cognitive Structures [J]. in Advance in Consumer Research，1981，8：122–127.

[96] KELLER K L. Conceptualizing，Measuring，and Managing Customer–Based Brand Equity [J]. Journal of Marketing，1993，57（1）：1–22.

[97] KELLER，LANE K. Understanding Brands，Branding and Brand Equity [J]. Journal of Direct，Data and Digital Marketing Practice，2003，5（1）：7–20.

[98] KELLY，ROBERT F. The Search Component of the Consumer Decision Process：A Theoretic Examination，in Marketing and the New Science of Planning [J]. IL：American Marketing Association，1968：271–274.

[99] KERSTETTER D，CHO M H. Prior Knowledge，Credibility and Information Search [J]. Annals of Tourism Research，2004，31（4）：961–985.

[100] KLEIN L R. Evaluating the Potential of Interactive Media through a New Lens：Search versus Experience Goods [J]. Journal of Business Research，1998，41（3）：195–203.

[101] KLEIN L R，FORD G T. Consumer search for information in the digital age：An empirical study of prepurchase search for automobiles [J]. Journal of Interactive Marketing，2010，17（3）：21–49.

[102] KLEIN B，LEFFLER K B. The Role of Market Forces in Assuring Contractual Performance [J]. Journal of Political Economy，1981，89（4）：615–641.

[103] KIHLSTROM R E，RIORDAN M H. Advertising as a Signal [J]. Journal of Political Economy，1984，92（3）：427–450.

[104] KRISHNAN H S. Characteristics of Memory Associations：A Consumer-based Brand Equity Perspective [J]. International Journal of Research in Marketing，1996，13（4）：400-405.

[105] KUCUK S U，KRISHNAMURTHY S. An analysis of consumer power on the Internet [J]. Technovation，2007，27（1-2）：47-56.

[106] KULVIWAT S，GUO C，ENGCHANIL N. Determinants of online information search：a critical review and assessment [J]. Internet Research，2004，14（3）：245-253.

[107] LAYTON K R A. Dimensions of Consumer Information Seeking Behavior [J]. Journal of Marketing Research，1981，18（2）：233-239.

[108] LEINER，et al. A Brief History of the Internet [EB/OL] . [2003-10-09] . http：// isoc.org/internet/history/brief.shtml.

[109] LI，XUE.How Brand Knowledge Influnences Consumers' Purchase Intentions [D]. The Auburn University，2004

[110] LILLIS C M，NARAYANA C L. Analysis of "Made in" Product Images - An Exploratory Study [J]. Journal of International Business Studies，1974，5（1）：119-127.

[111] LUTZ，et al. An Exploration of the Effects of Perceived Social and Performance Risk on Consumer Information Acquisition [J]. in Advances in Consumer Research，1973，1：393-405.

[112] LYNCH，J G，SRULL T K. Memory and Attentional Factors in Consumer Choice：Concepts and Research Methods [J]. Journal of Consumer Research，1982，9（1）：18-37.

[113] MALHOTRA，NARESH K. Information Load and Consumer Decision Making [J]. Journal of Consumer Research，1982，8（4）：419-430.

[114] MATTILA A S，WIRTZ J. The Impact of Knowledge Types on the Consumer Search Process：An Investigation in the Context of Credence Services [J]. International Journal of Service Industry Management，2002，13（3）：214-230.

[115] MAZIS M B，STAELIN R，BEALES H，et al. A Framework for Evaluating Consumer Information Regulation [J]. Journal of Marketing，1981，45（1）：11-21.

[116] MARSH，et al. Structural Equation Models of Latent Interaction and Quadratic Effects [M]. Greenwich，CT：Information Age，2006.

[117] MCCONNELL，J D. The Development of Brand Loyalty [J]. Journal of Marketing Research，1968，5（2）: 47–55.

[118] MILGROM P，ROBERTS J. Price and Advertising Signals of Product Quality [J]. Journal of Political Economy，1986，94（4）: 796–821.

[119] MILLER，GEORGE A. The Magic Number Seven，Plus or Minus Two : Some Limits on Our Capacity for Processing Information [M]. The Psychological Review，1986，81–79.

[120] MOORE W L，LEHMANN D R. Individual Differences in Search Behavior for a Nondurable [J]. Journal of Consumer Research，1980，7（3）: 296–307.

[121] MOORE L W L. Validity of Information Display Boards : An Assessment Using Longitudinal Data [J]. Journal of Marketing Research，1980，17（4）: 450–459.

[122] MOORTHY S，TALUKDAR R D. Consumer Information Search Revisited : Theory and Empirical Analysis [J]. Journal of Consumer Research，1997，23（4）: 263–277.

[123] MURRAY K B. A Test of Services Marketing Theory : Consumer Information Acquisition Activities [J]. Journal of Marketing，1991，55（1）: 10–25.

[124] NELSON P J. Information and Consumer Behavior [J]. Journal of Political Economy，1970，78（2）: 311–329.

[125] NEWHAGEN J E，RAFAELI S. Why Communication Researchers Should Study the Internet: A Dialogue [J]. Journal of Computer–Mediated Communication，1996，1（4）: 4–13.

[126] NEWMAN，JOSEPH W. Consumer External Search : Amount and Determinates，in Consumer and Industrial Buying Behavior [M]. New York : Elsevier North Holland，1977.

[127] NEWMAN J W，LOCKEMAN B D. Measuring Pre–Purchase Information Seeking [J]. Journal of Consumer Research，1975，2（3）: 216–222.

[128] NEWMAN J W，STAELIN R. Pre–Purchase Information Seeking for New Cars and Major Household Appliances [J]. Journal of Marketing Research，1972，9（3）: 249–257.

[129] NICOSIA，FRANCESCO M. Consumer Decision Process [M]. Englewood Cliffs，N J : Prentice–Hall，1966.

[130] NOVAK T P，HOFFMAN D L，YUNG Y F. Measuring the Customer Experience in Online Environments: A Structural Modeling Approach [J]. Marketing Science, 2000, 19(1): 22–42.

[131] OLSHAVSKY D R W. External Search：The Role of Consumer Beliefs [J]. Journal of Marketing Research，1982，19（1）：32–43.

[132] PARK C WHAN，et al. Self–perceived Knowledge；Some Effects on Information Processing for a Choice Task [J]. American Journal of Psychology，1988，101（3）：401–424.

[133] PARK，C WHAN，FEICK，L，MOTHERSBAUGH，D L. Consumer Knowledge Assessment：How Product Experience and Knowledge of Brands，Attributes，and Features Affects What We Think We Know [J]. Advances in Consumer Research，1992，19：193–198.

[134] PARK C W，LESSIG V P. Familiarity and Its Impact on Consumer Decision Biases and Heuristics [J]. Journal of Consumer Research，1981，8（2）：223–231.

[135] PARK C W，MOTHERSBAUGH D L，FEICK L F. Consumer Knowledge Assessment [J]. Journal of Consumer Research，1994，21（1）：71–82.

[136] PARK，C W，MITTAL，B A. Theory of Involvement in Consumer Behavior：Problems and Issues [M]. Research in Consumer Behavior，1985：201 – 231.

[137] PARK J R B W. Effects of Prior Knowledge and Experience and Phase of the Choice Process on Consumer Decision Processes：A Protocol Analysis [J]. Journal of Consumer Research，1980，7（3）：234–248.

[138] PITT I F，BERTHON P R，et al. The Internet and the Birth of Real Consumer Power [J]. Business Horizons，2002，45（4）：7–14.

[139] PETERSON R A，BALASUBRAMANIAN S，BRONNENBERG B J. Exploring the Implications of the Internet for Consumer Marketing [J]. Journal of the Academy of Marketing Science，1997，25（4），329–346.

[140] PETTY，RICHARD E，JOHN T CACIOPPO. The Elaboration Likelihood Model of Persuasion.in Advances in Experimental Social Psychology [M]. Leornard Berkowitz.Orlando，FL：Academic Press，1986：123–205.

[141] PETTY, RICHARD E, JOHN T CACIOPPO. Attitudes and Persuasion : Classic and Contemporary Approaches [M]. Dubuque.IA : Wm.C.Brown, 1981.

[142] PETTY R E, SCHUMANN C D. Central and Peripheral Routes to Advertising Effectiveness : The Moderating Role of Involvement [J]. Journal of Consumer Research, 1983, 10 (2): 135–146.

[143] PHILIPPE, AURIER, PAUL–VALENTIN NGOBO. Assessment of Consumer Knowledge and its Consequences : A Multi–Component Approach [J]. in Advance in Consumer Research, 1999, 26 : 569–575.

[144] PITT L F, BERTHON P R, et al. The Internet and the birth of real consumer power [J]. Business Horizons, 2002, 45 (4): 7–14.

[145] PNG I P L, REITMAN D. Why Are Some Products Branded and Others Not? [J]. The Journal of Law and Economics, 1995, 38 (1): 207–224.

[146] PODSAKOFF, P.M. Self–Reports in Organizational Research : Problems and Prospects [J]. Journal of Management, 1986, 12 (4): 531–544.

[147] PORTER, M E. Strategy and the Internet [J]. Harvard Business Review, 2001, 3: 63–78.

[148] PUNJ G N, STAELIN R. A Model of Consumer Information Search Behavior for New Automobiles [J]. Journal of Consumer Research, 1983, 9 (4): 366–380.

[149] RAJU P S, MANGOLD S C L G. Differential Effects of Subjective Knowledge, Objective Knowledge, and Usage Experience on Decision Making : An Exploratory Investigation [J]. Journal of Consumer Psychology, 1995, 4 (2): 153–180.

[150] RAJU P S, MICHAEL D REILLY. Product Familiarity and Information Processing Strategies : An Exploratory Investigation [J]. Journal of Business Research, 1980, 8 (2): 187–212.

[151] RAO A R, MONROE K B. The Moderating Effect of Prior Knowledge on Cue Utilization in Product Evaluations [J]. Journal of Consumer Research, 1988, 15 (2): 253–264.

[152] RAO A R, SIEBEN W A. The Effect of Prior Knowledge on Price Acceptability and the Type of Information Examined [J]. Journal of Consumer Research, 1992, 19 (2) : 256–270.

[153] RAO A R, QU L, RUEKERT R W. Signaling Unobservable Product Quality through a Brand Ally [J]. Journal of Marketing Research, 1999, 36 (2) : 258–268.

[154] RATCHFORD, BRIAN T N. An Empirical Investigation of Returns to Search [J]. Marketing Science, 1993, 12 (1) : 73–87.

[155] RATCHFORD B T. Cost–Benefit Models for Explaining Consumer Choice and Information Seeking Behavior [J]. Management Science, 1982, 28 (2) : 197–212.

[156] RATCHFORD B T, LEE T M S. Marketing in the E–Channel : A Model of Consumer Choice of the Internet as an Information Source [J]. International Journal of Electronic Commerce, 2001, 5 (3) : 7–21.

[157] RATCHFORD, BRAN T, MYUNG–SOO LEE, DEBABRATA TALUKDAR. The Impact of the Internet on Information Search for Automobiles [J]. Journal of Marketing Research, 2003, 40 (May), 193–209.

[158] REIERSON, C. Are Foreign Products Seen as National Stereotypes ? [J]. Journal of Retailing, 1966, 42 (7), 33–40.

[159] ROBERSON L. Procedural justice in performance evaluation : the role of instrumental and non–instrumental voice in performance appraisal discussions [J]. Journal of Management, 1995, 21 (4) : 657–669.

[160] ROGERS E M. Communication Technology : New Media in Society [M]. New York, NY : Free Press, 1986.

[161] ROSELIUS T. Consumer Rankings of Risk Reduction Methods [J]. Journal of Marketing, 1971, 35 (1) : 56–61.

[162] ROWLEY J. Just Another Channel? Marketing Communications in E - business [J]. Marketing Intelligence & Planning, 2004, 22 (1) : 24–41.

[163] RHA, JONG–YOUN. (2002), Consumers in the Internet era : Essays on the Impact of Electronic Commerce From A Consumer Perspective.in Rossiter, John R, Larry

Percy. Advertising and Promotion Management [M]. New York：McGraw-Hill Book Company，1987.

[164] SCHIBROWSKY J A，PELTIER J W，NILL A.The State of Internet Marketing Research [J]. European Journal of Marketing，2007，41（7/8）：722-733.

[165] SCHIFFMAN L G，LESLIE K L. Consumer Behavior [M]. 北京：清华大学出版社，2004.

[166] SCHIFFMAN L G，SHERMAN E，LONG M M. Toward a Better Understanding of the Interplay of Personal Values and the Internet [J]. Psychology & Marketing，2003，20（2）：169-186.

[167] SCHMIDT J B，SPRENG R A. A Proposed Model of External Consumer Information Search [J]. Journal of the Academy of Marketing Science，1996，24（3）：246-256.

[168] SCHUMANN D W，ARTIS A，RIVERA R. The Future of Interactive Advertising Viewed Through an IMC Lens [J]. Journal of Interactive Advertising，2001，1（2）：43-55.

[169] SELNES F，GRONHAUG K. Subjective and Objective Measures of Product Knowledge Contrasted [J]. Advance in Consumer Research，1986，13：61-71.

[170] SHIM S，EASTLICK M A，LOTZ S L，et al. An online Prepurchase Intentions Model：The Role of Intention to Search [J]. Journal of Retailing，2001，77（3）：397-416.

[171] SHIM S，GEHRT K C. Hispanic and Native American Adolescents：An Exploratory Study of Their Approach to Shopping [J]. Journal of Retailing，1996，72（3）：307-324.

[172] SHROUT P E，BOLGER N. Mediation in Experimental and Nonexperimental Studies：New Procedures and Recommendations [J]. Psychological Methods，2002，7（4）：422-445.

[173] SOHN Y S，JOUN H，CHANG D R. A Model of Consumer Information Search and Online Network Externalities [J]. Journal of Interactive Marketing，2002，16（4）：2-14.

[174] SOLOMON，M R. Consumer Behavior：Buying，Having and Being [M]. Allyn & Bacon，1994.

[175] SRINIVASAN R N. An Empirical Investigation of Returns to Search [J]. Marketing Science, 1993, 12 (1): 73–87.

[176] SRINIVASAN, NARASIMHAN. Pre–Purchase External Search for Information, in Review of Marketing[C].Chicago: American Marketing Association, 1990: 153–189.

[177] SRINIVASAN, NARASIMHAN, BRIANT T. Ratchford. An Empirical Test of a Model of External Search for Automobiles [J]. Journal of Consumer Research, 1991, 18 (2): 233–242.

[178] SRULL, T. The Role of Prior Knowledge in the Acquisition, Retention, and Use of New Information [J]. Advances in Consumer Research, 1983, 10, 572–76.

[179] STERNE, JIM. World Wide Web Marketing: Integrating the Internet into Your Marketing Stragegy [M]. 2th New York: John Wiley & Sons, 1999.

[180] STIGLER, GEORGE J. The Economics of Information [J]. Journal of Political Economy, 1961, 69 (3): 213–225.

[181] STRAUB D W. Validating Instruments in MIS Research [J]. MIS Quarterly, 1989, 13 (2), 147–169.

[182] SUJAN, MITA. Consumer Knowledge: Effects on Evaluation Strategies Mediating Consumer Judgments [J]. Journal of Consumer Research, 1985, 12 (1): 31–46.

[183] TONCAR, M, MUNCH J. Consumer Responses to Tropes in Print Advertising [J]. Journal of Advertising, 2001, 30 (1): 55–65.

[184] TVERSKY K A. Prospect Theory: An Analysis of Decision under Risk [J]. Econometrica, 1979, 47 (2): 263–292.

[185] TÜLIN ERDEM, SWAIT J. Brand Equity as a Signaling Phenomenon [J]. Journal of Consumer Psychology, 1998, 7 (2): 131–157.

[186] UDELL, JON G. Prepurchase Behavior of Buyers of Small Electrical Appliances [J]. Journal of Marketing, 1966, 30: 50–52.

[187] URBANY J E, DICKSON P R, WILKIE W L. Buyer Uncertainty and Information Search [J]. Journal of Consumer Research, 1989, 16 (2): 208–215.

[188] VERBEKE W, VACKIER I. Profile and Effects of Consumer Involvement in Fresh Meat [J]. Meat Science, 2004, 67 (1): 159–168.

[189] WARD J C, OSTROM A L. The Internet as information minefield: An analysis of the source and content of brand information yielded by net searches [J]. Journal of Business Research, 2003, 56 (11): 907–914.

[190] WARD, MICHAEL R, MICHAEL J LEE. Internet Shopping, Consumer Search and Product Branding [J]. Journal of Product & Brand Management, 2000, 9 (1): 6–20.

[191] WAYNE D. An Examination of Consumer Decision Making for a Common Repeat Purchase Product [J]. Journal of Consumer Research, 1984, 11 (3): 822–829.

[192] WESTBROOK R A, FORNELL C. Patterns of Information Source Usage among Durable Goods Buyers [J]. Journal of Marketing Research, 1979, 16 (3): 303–312.

[193] WILKIE, WILLIAM L, PETER R DICKSON. Shopping for Appliances: Consumers' Strategies and Patterns of Information Search [M]. Cambridge, MA: Marketing Science Institute, 1985.

[194] XIA, LAN. A Multi–Method Investigation of Consumer Browsing Behaviors and Unintended Information Acquisition: Three Essays [D]. The University of Illinois at Urbana–Champaign.

[195] YOO, BOONGHEE, NAVEEN DONTHU. Developing and validating a multidimensional consumer–based brand equity scale [J]. Journal of Business Research, 2001, 52 (1): 1–14.

[196] YOO, BOONGHEE, NAVEEN DONTHU, SUNGHO LEE. An examination of selected marketing mix elements and brand equity [J]. Journal of the Academy of Marketing Science, 2000, 28 (2): 195–211.

[197] ZIGMOND, DAN, HORST STIPP. Assessing a New Advertising Effect: Measurement of the Impact of Television Commercials on Internet Search Queries [J]. Journal of Advertising Research, 2010 (06), 162–168.

[198] ZWICK R，RAPOPORT A，MUTHUKRISHNAN A K C L V. Consumer Sequential Search：Not Enough or Too Much ？ [J]. Marketing Science，2003，22（4）：503-519.

[199] 毕继东 . 负面网络口碑对消费者行为意愿的影响研究 [D]. 山东大学，2010.

[200] 程华 . 网上消费者行为的理论与实证研究 [M]. 太原：山西经济出版社，2003.

[201] 段文婷，江光荣 . 计划行为理论述评 [J]. 心理科学进展，2008，16（2）：315-320.

[202] 冯臻 . 影响企业社会责任行为的路径——基于高层管理者的研究 [D]. 复旦大学，2010.

[203] 侯杰泰，温忠麟，成子娟 . 结构方程模型及其运用 [M]. 北京：教育科学出版社，2004.

[204] 黄芳铭 . 结构方程模式：理论与应用 [M]. 北京：中国税务出版社，2005.

[205] 黄合水 . 品牌学概论 [M]. 北京：高等教育出版社，2009.

[206] 黄合水，彭聃龄 . 论品牌资产———一种认知的观点 [J]. 心理科学进展，2002（03）：350-359.

[207] 蒋廉雄 . 从单向视角到整体视角：品牌知识研究回顾与展望 [J]. 外国经济与管理，2008（06）：42-50.

[208] 李东进 . 消费者搜寻信息努力的影响因素及其成果与满意的实证研究 [J]. 管理世界，2002（11）：100-107.

[209] 李东进，崔洛焕 . 中韩两国消费者搜寻信息努力的比较研究 [J]. 南开管理评论，2003（02）：38-46.

[210] 李东进，孙春风，秦勇 . 消费者产品知识对信息搜寻努力影响的实证研究——以手机消费者为例 [J]. 营销科学学报，2007（1）：92-106.

[211] 李茂能 . 结构方程模式软体 Amos 之简介及其在测验编制上之应用——Graphics & Basis [M]. 心理出版社（台北），2006.

[212] 林雅萍 ."使用与满足"理论与互联网环境下的文献接受 [J]. 上海师范大学学报（哲学社会科学版），2009，38（06）：76-84.

[213] 刘国华 . 基于顾客视角的销售促进对品牌资产的影响研究 [D]. 复旦大学，2008.

[214] 刘华军 . 品牌的经济分析 [D]. 山东大学，2008.

[215] 马广奇，张林云 . 行为经济学的理论贡献及其应用 [J]. 经济论坛，2009（10）：8–12.

[216] 邱皓政 . 量化研究与统计分析：SPSS 中文视窗版数据分析范例解析 [M]. 重庆：重庆大学出版社，2009.

[217] 邱皓政，林碧芳 . 结构方程模型的原理与应用 [M]. 北京：中国轻工业出版社，2009.

[218] 荣泰生 .AMOS 与研究方法 [M]. 重庆：重庆大学出版社，2009.

[219] 温忠麟，侯杰泰，张雷 . 调节效应与中介效应的比较和应用 [J]. 心理学报，2005（02）：268–274.

[220] 温忠麟 . 张雷，侯杰泰，刘红云 . 中介效应检验程序及其应用 [J]. 心理学报，2004（05）：614–620.

[221] 吴艳，温忠麟，林冠群 . 潜变量交互效应建模：告别均值结构 [J]. 心理学报，2009，41（12）：1252–1259.

[222] 孙曙迎 . 我国消费者网上信息搜寻行为研究 [D]. 浙江大学，2009.

[223] 孙曙迎，徐青 . 消费者网上信息搜寻努力影响因素的实证研究 [J]. 重庆大学学报（社会科学版），2007（02）：32–37.

[224] 孙继红，杨晓江 .PLS 通径模型应用中应注意的几个问题 [J]. 统计教育，2009（11）：3–10.

[225] 卫海英，祁湘涵 . 基于信息经济学视角的品牌资产生成研究 [J]. 中国工业经济，2005（10），113–120.

[226] 辛自强，池丽萍 . 家庭功能与儿童孤独感的关系：中介的作用 [J]. 心理学报，2003，35（2）：216–221.

[227] 叶乃沂 . 消费者感知风险及上网购物行为研究 [D]. 西南交通大学，2008.

[228] 薛强，朱远，李颖 . 影响消费者购前信息搜寻因素的主成分分析 [J]. 大连海事大学学报（社会科学版），2003（02）：45–48.

[229] 于伟 . 消费者品牌知识形成及后向影响机制研究 [D]. 山东大学，2008.

[230] 周象贤，金志成 . 卷入影响广告理性诉求信息加工效果的眼动研究 [J]. 心理学报，2009，41（4）：357–366.

[231] 祝建华 . 如何绘制调节效应的图形？ [EB/OL].http：//zjz06.spaces.live.com/blog/cns!3F49BBFB6C5A1D86!1114.trak.

附　录

附录一　需要修正的部分潜变量的 CFA 分析

一、主观知识潜变量的修改过程

第一次拟合的结果如下图所示。发现卡方自由度比（6.6）不够理想，RMSEA（0.09）亦有提升空间。

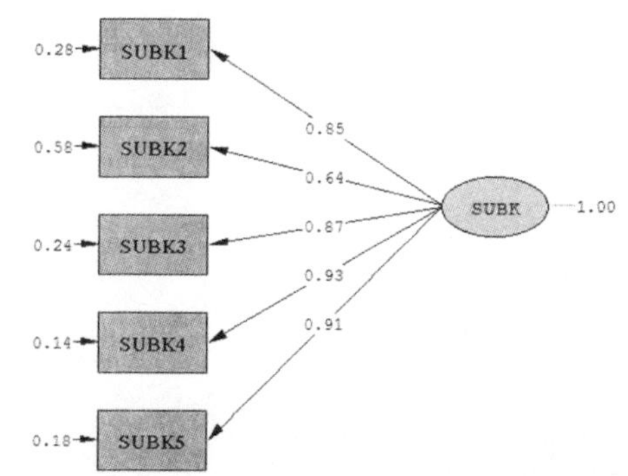

主观知识潜变量的验证性因子分析模型

观察 LISREL 提供的 MI 指数，发现问项 SUBK2 的测量误差与问项 SUBK4 和 SUBK3 的测量误差间的 MI 指数均较大（分别为 16.3 及 8.8）。回顾上述问项的具体语句，SUBK2 为“当需要购买时，我有信心挑出适合我的笔记本电脑”，SUBK4 为“我比周围人知道更多的笔记本电脑的功能和术语，”SUBK3 为“我了解笔记本电脑的各种功能”,可以发现，问项 SUBK2 在部分程度上是问项 SUBK4 和 SUBK2 所引起的结果，三者的测量误差之间确实存在相关的可能。再考虑到问项 SUBK2 的测量误差较大，所以直接予以删除。

在将问项 SUBK2 删除之后，模型的自由度降低到 2，模型的卡方值降低到 10.54。虽然卡方自由度比稍大于 5，但 RMSEA、GFI、NFI、NNFI、CN 值等主要拟合度指标均达到了较佳水平，这说明修正后的主观知识潜变量的测量模型达到了较佳的拟合水平。修正模型估计的结果见正文部分。

二、搜寻动机、搜寻能力潜变量的验证性因子分析

第一次拟合的结果如下图所示。发现卡方自由度比（6.53）不尽如人意，RMSEA 值等亦有改善空间。

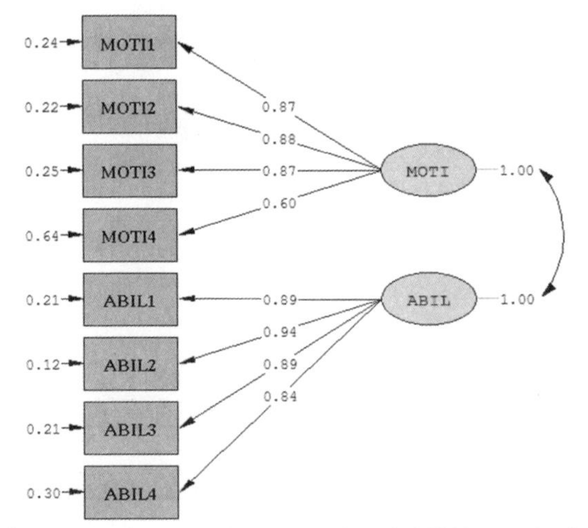

搜寻动机与能力潜变量的验证性因子分析模型

观察 LISREL 提供的 MI 指数，发现问项 ABIL4 与其他 3 个建构搜寻动机的问项的测量误差之间的 MI 指数均较大。回顾 ABIL4 的语句“和一般人比起来，我比较了解如何使用网络搜寻信息”，发现此问项确实与其他 3 个关于搜寻动机的测量问项在意义上存在一定交叉。在将问项 ABIL4 删除后，对修正后的模型进行了再次估计，各拟合指标均达到了可以接受的范围之内。此外，RMSEA、GFI、AGFI、NFI 等其他拟合度评价指标也均达到了较佳水平，最终结果见正文。

三、个人卷入度潜变量的验证性因子分析

第一次拟合的结果如下图所示，发现卡方自由度比、RMSEA、AGFI 以及 CN 值等均达不到合理标准，所以需要对模型进行修正。

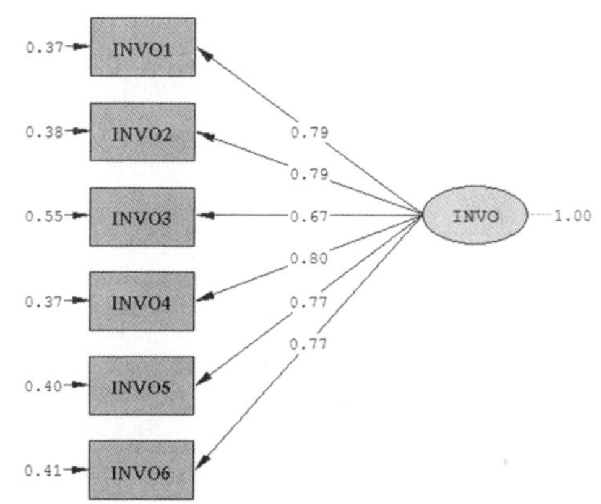

个人卷入度潜变量的验证性因子分析模型

检视 LISREL 所提供的 MI 指数，发现最大的 2 个 MI 指数都与问项 INVO5 有关：其与问项 INVO6 及 INVO2 的测量误差之间的 MI 指数分别为 69.3 和 62.8。回顾具体语句，INVO5 为“我是会花费心思在笔记本电脑上的”，语句的含义似乎较为模糊，与 INVO6 的“笔记本电脑

对我而言是有吸引力的”以及INVO2的“笔记本电脑对我而言是有价值的”均存在一定联系。

根据上述分析，对问项INVO5予以删除，并对测量模型进行重新拟合，得到了下图和表中的结果。可以看出，此时问项INVO3的测量误差为0.55，误差相对较大，所以对其进行删除处理。重新对模型进行拟合后发现，卡方值、RMSEA等指标均得到一定改善，但是测量模型还有进一步改善空间。

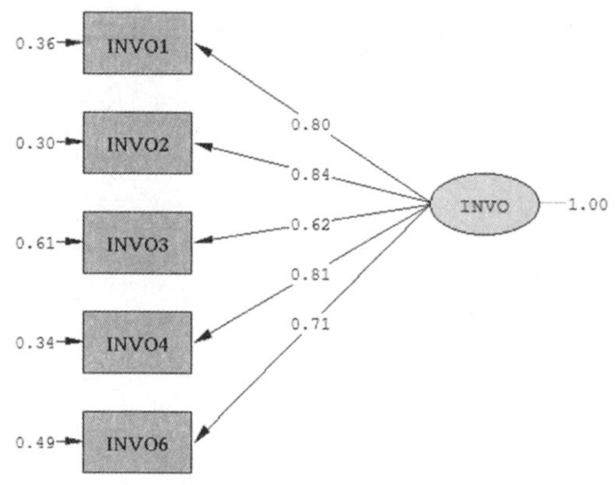

Chi-Square=52.50, df=5, P-value=0.00000, RMSEA=0.118

个人卷入度潜变量的验证性因子分析模型（第1次修正后）

个人卷入度模型的主要拟合度指标表（第1次修正后）

χ^2/df	GFI	AGFI	NFI	NNFI	CFI	RMSEA	SRMR	CN
10.50	0.97	0.91	0.98	0.96	0.98	0.118	0.032	197.10

在根据基本拟合标准以及LISREL提供的修正指数对测量模型进行再次修正（删除了与其他测量问项之间存在相关的问项INVO2“笔记本电脑对我而言是有价值的”）之后，得到了正文中所展示的最终模型。

附录二 调查问卷

您好！我们是来自 ××× 高校的研究人员，现在正在进行一项有关于网络消费信息搜寻的学术研究。本问卷以匿名的方式作答，您的回答将仅供此次学术研究之用且会被严格保密，您可以放心填答。

本问卷没有所谓的正确答案，您只需根据您个人的内心感觉填答即可，不必考虑其他人的想法。

希望您能将真实的情况和想法提供给我们，十分感谢您的支持与合作。

a 您使用互联网的时间：

A. 2 年以上　　B. 2 年以下（终止作答）

b 您是否有过利用互联网收集某种商品的信息的行为？

A. 有过　　B. 没有（终止作答）

c 如果您需要新购一台笔记本电脑，那么您会将联想品牌纳入考虑范围吗？

A. 可能会　　B. 不会（终止作答）

一、下列题目关注的是您对联想品牌（Lenovo，不包含 Thinkpad 产品）的认知与评价，请在相应的数字上画"√"。（数字越大表示越同意，1= 完全不同意，2= 不同意，3= 不太同意，4= 中立，5= 比较同意，6= 同意，7= 完全同意）。

A1. 我熟悉联想品牌的外在特征	1	2	3	4	5	6	7
A2. 我能从同类品牌中认出联想品牌	1	2	3	4	5	6	7
A3. 联想品牌的一些特征能很快出现在我脑海中	1	2	3	4	5	6	7
A4. 我能很快回忆出联想品牌的标志或口号	1	2	3	4	5	6	7
A5. 联想品牌的产品具有很高的质量	1	2	3	4	5	6	7
A6. 联想品牌的产品会有很好的表现	1	2	3	4	5	6	7
A7. 联想品牌的产品更为可靠	1	2	3	4	5	6	7
A8. 与其他品牌相比，联想品牌的产品质量会更高	1	2	3	4	5	6	7
A9. 我对联想品牌是忠诚的	1	2	3	4	5	6	7
A10. 联想品牌的产品将会是我的第一选择	1	2	3	4	5	6	7
A11. 如果联想品牌的产品有卖，我不会选择别的品牌	1	2	3	4	5	6	7

二、下列题目关注的是您对笔记本产品的总体了解程度，请在相应的数字上画“√”（数字越大表示认可程度越高，1= 完全不同意，2= 不同意，3= 不太同意，4= 中立，5= 比较同意，6= 同意，7= 完全同意）。

B1. 相比于其他人，我对笔记本电脑了解更多	1	2	3	4	5	6	7
B2. 我有信心挑出适合我的笔记本电脑	1	2	3	4	5	6	7
B3. 我了解笔记本电脑的各种功能	1	2	3	4	5	6	7
B4. 我比周围人知道更多的功能和术语	1	2	3	4	5	6	7
B5. 我比其他人更懂得如何评价笔记本电脑的好坏	1	2	3	4	5	6	7

三、下列题目关注的是您对笔记本产品的各种性能属性的了解程度，请在“对”或“错”上画“√”。

C1. 决定笔记本电脑性能的最重要部件为内存	对	错
C2.AMD 处理器是由英特尔公司生产的	对	错
C3.DDR3 内存条比 DDR2 内存条便宜	对	错
C4. 独立显卡是笔记本电脑中不可缺少的组件	对	错
C5.HDMI 接口的主要功能是输出音频	对	错
C6.7200 转的硬盘比 5400 转的硬盘更耗电	对	错

四、下列题目关注的是笔记本电脑对您的重要程度，请在相应的数字上画“√”（数字越大表示认可程度越高，1= 完全不同意，2= 不同意，3= 不太同意，4= 中立，5= 比较同意，6= 同意，7= 完全同意）。

D1. 笔记本电脑对我来说很重要	1	2	3	4	5	6	7
D2. 笔记本电脑对我而言是有价值的	1	2	3	4	5	6	7
D3. 我很关注笔记本电脑	1	2	3	4	5	6	7
D4. 笔记本电脑对我而言是有意义的	1	2	3	4	5	6	7
D5. 我会花费心思在笔记本电脑上	1	2	3	4	5	6	7
D6. 笔记本电脑对我而言是有吸引力的	1	2	3	4	5	6	7
D7. 笔记本电脑能体现我的身份和个性	1	2	3	4	5	6	7

五、下列题目关注的是您对上网搜寻联想笔记本电脑信息的看法，请在相应的数字上画“√”（数字越大表示认可程度越高，1= 完全不同意，2= 不同意，3= 不太同意，4= 中立，5= 比较同意，6= 同意，7= 完全同意）。

E1. 上网搜寻联想牌笔记本电脑的信息是件耗费精力的事情	1	2	3	4	5	6	7
E2. 上网搜寻联想牌笔记本电脑的信息是件耗费时间的事情	1	2	3	4	5	6	7
E3. 上网搜寻联想牌笔记本电脑的信息是件麻烦的事情	1	2	3	4	5	6	7
E4. 可以节约获取信息的时间	1	2	3	4	5	6	7
E5. 有助于买到性价比最高的型号	1	2	3	4	5	6	7
E6. 让我学到更多产品和品牌知识	1	2	3	4	5	6	7
E7. 让我获得很多对购买决策非常有价值的信息	1	2	3	4	5	6	7
E8. 有助于我做出最佳购买决策	1	2	3	4	5	6	7
E9. 有助于我了解该产品适合我的程度	1	2	3	4	5	6	7
E10. 能让我很快找到机会划算地购买	1	2	3	4	5	6	7
E11. 会使用网络搜寻信息	1	2	3	4	5	6	7
E12. 会试着通过网络搜寻信息	1	2	3	4	5	6	7
E13. 将尽可能多地使用网络搜寻信息	1	2	3	4	5	6	7
E14. 与其他信息渠道相比，比较喜欢通过网络搜寻信息	1	2	3	4	5	6	7

六、下列题目关注的是您对网络的使用情况，请在相应的数字上画“√”（数字越大表示认可程度越高，1= 完全不同意，2= 不同意，3= 不太同意，4= 中立，5= 比较同意，6= 同意，7= 完全同意）。

F1. 我熟悉网上的各种搜寻技能	1	2	3	4	5	6	7
F2. 我能对介绍笔记本电脑的各种网络资源运用自如	1	2	3	4	5	6	7
F3. 我能在网上轻松找到所需的笔记本电脑的信息	1	2	3	4	5	6	7
F4. 和一般人比起来，我比较了解如何使用网络搜寻笔记本电脑的信息	1	2	3	4	5	6	7

您的年龄：________

您的年级：________

您的性别：________

您的月消费水平：A.500 元以下　　B.501—1000 元

C.1001—1500 元　　D.1500 元以上

问卷到此结束，谢谢您的支持与合作。